# Networking versus Notworking

Seja interessante e não interesseiro.
Eleve sua carreira, seus negócios e
sua vida a um novo patamar!

ALEXANDRE CALDINI NETO

Copyright © 2019 Alexandre Caldini Neto

Revisão:
Silvia Candal

Capa e foto de capa:
Alexandre Caldini Neto

Foto de capa:
Metropol Parasol – Sevilha/Espanha

Foto do autor:
arquivo pessoal

Todos os direitos reservados.

ISBN: 9781791669546
Independently published

# COMO?

Como conseguir uma rede de relacionamentos ampla e poderosa? Como ser notado no mundo da hipercompetição? Como expor suas habilidades de modo a aumentar suas chances na carreira e nos negócios? Como fazer para que seu sincero apreço por alguém não seja tomado por bajulação?

Nesta obra, baseando-se em sua vasta experiência em grandes organizações e na presidência de importantes empresas de mídia, Alexandre Caldini nos orienta, de forma direta e prática, a viver um Networking de resultados. E o faz com uma preocupação: que seja, ao mesmo tempo, um Networking ético. O autor mostra-nos como, por meio de um relacionamento honesto, sincero e interessante, todos crescem e todos ganham.
Com seus vários exemplos Caldini nos leva a refletir sobre nosso comportamento perante nossos relacionamentos no mundo dos negócios, no ambiente de trabalho e para além deles.
Este não é um livro de teoria, mas de prática. Todas as dicas e reflexões expostas pelo autor tiveram sua origem em casos reais, em situações vividas por ele (e por todos nós) no ambiente de negócios; daí sua relevância e aplicabilidade na vida de mulheres e homens de negócios.

ALEXANDRE CALDINI NETO

# ÍNDICE

| | |
|---|---|
| Capítulo I – Definições | 1 |
| Capítulo II – Imagem | 13 |
| Capítulo III – Visibilidade | 31 |
| Capítulo IV - Interações | 49 |
| Capítulo V - Gentileza | 79 |
| Capítulo VI - Reputação | 87 |
| Capítulo VII - Cuidados | 97 |
| Capítulo VIII - Conclusão | 109 |
| Agradecimentos | 118 |
| O autor | 120 |

# CAPÍTULO I

## DEFINIÇÕES

*"A arte de viver é simplesmente a arte de conviver. Simplesmente, disse eu? Mas como é difícil!"*

*Mário Quintana*

## Um foguete chamado Networking

*Há alguma confusão e até mesmo uma mística em torno da palavra Networking. Ao longo de minha carreira como executivo, percebi em muitos de meus colegas certa angústia com o termo. Alguns creditavam insucesso a uma deficiência em seu Networking. Nunca entendi isso direito. Me parecia que colocavam Networking como algo mágico, complexo, inacessível e trabalhoso. Afirmavam que, por não se dedicarem com afinco a "fazer networking", suas carreiras não haviam decolado. Aliás, decolado é bem o termo: me parecia que imaginavam o Networking como um avião ou foguete no qual, em se embarcando, nada mais se teria que fazer; bastava relaxar e aguardar a chegada ao destino: o sucesso.*

*Mas será que é assim mesmo? Fácil assim? Afinal de contas, o que é Networking? Para que serve? Como funciona? Com quem e quando devemos "fazer Networking"? Como se faz Networking? Se faz ou se vive Networking?*
*Outro ponto que frequentemente surgia era um preconceito com quem se relacionava bem com outros. Talvez por inveja, alguns pareciam confundir Networking com bajulação. Networking é bajulação? É algo interesseiro? Ou Networking pode ser ético?*

*Essas são as questões que discutiremos nas breves definições a seguir.*

## O que é Networking?

Comumente se explica Networking por meio da etimologia da palavra: net em inglês significa rede e work, trabalho. Assim, Networking seria o trabalhar em rede. Interagir numa rede de relacionamentos. Com o tempo, essa definição foi sendo transformada e chegamos a algo mais corriqueiro, que define Networking como ter um bom relacionamento com muitos.

Networking, de fato, é relacionar-se. Ou melhor, é construir e manter uma boa rede de relacionamentos. Mas Networking não é uma grande lista de nomes de pessoas conhecidas, e sim uma rede de pessoas com as quais mantemos um relacionamento real, de qualidade.

Todos nos relacionamos. A história da humanidade é feita de relacionamentos. Eles são fundamentais para nossa vida e nossa felicidade, fazendo com que nos sintamos incluídos, aceitos, queridos e relevantes; parte de uma sociedade. Sem relacionamento não há confiança e, sem confiança, não há troca. E nossa vida é um eterno trocar: troca de bens materiais, troca de conhecimento, troca de favores e troca de afeto.

Nos relacionamos a todo instante com parentes, amigos, colegas, vizinhos, nossos clientes (gente que necessita de algo que temos) e nossos fornecedores (gente que tem algo que precisamos). Nos relacionamos até mesmo com quem não gostamos e com pessoas que não gostam de nós. Isso, essa sua rede de relacionamentos é seu Networking.

O que no mundo dos negócios se convencionou chamar de Networking é apenas um raciocínio mais estruturado, um agir específico voltado para a construção de relacionamentos. O objetivo é fazer com que o relacionamento seja de qualidade, tornando-se o melhor possível para nós e para todos aqueles com os quais nos relacionamos.

E o que significa um relacionamento de qualidade?
Significa um relacionamento no qual todos se sintam bem, se sintam respeitados, valorizados e beneficiados. É exatamente disso que este livro trata: de como criar e manter relacionamentos de qualidade, que terão impacto significativo não apenas em nossa vida profissional e em nossa carreira, mas também em nossa vida pessoal. Networking bem vivido nos auxilia no trabalho, em nossos relacionamentos afetivos, com familiares e amigos, e mesmo em nossos relacionamentos mais banais e corriqueiros, no dia a dia.

## Networking e influência

Algumas pessoas julgam "ter um bom Networking" porque têm uma vasta lista de contatos. Lista de nomes é uma coisa, Networking é outra. Lista se compõe e até se compra; vale pouco. Networking são relacionamentos fortes e ativos. E isso, que não se compra, vale muito. Outro erro comum é acharmos que nosso Networking é composto das pessoas que conhecemos. Não é. Eu conheço o admirável Papa Francisco, mas ele nem sabe que existo, pois não há relacionamento entre nós. Há ainda aquelas pessoas que eu conheço, que me conhecem, mas nem por isso se estabeleceu entre nós um relacionamento de confiança, próximo, que permite acesso e mútua influência. Só posso dizer que determinada pessoa faz parte de meu Networking quando, além de conhecê-la e ser conhecido por ela, eu consigo, de algum modo, que ela considere me ouvir, e talvez até consiga influenciá-la. Networking pressupõe acesso, escuta, troca e influência.

## Como funciona o Networking?

Networking funciona como o namoro ou qualquer outra relação pessoal ou comercial: enquanto ambas as partes virem vantagem no relacionamento, ele existe. Compreender esse (grande) detalhe faz toda a diferença. Esse talvez seja o segredo do Networking eficiente. Uma relação em que apenas uma das partes se beneficia não se sustenta. Não funciona. É Notworking. E muita gente escorrega aí, exatamente nesse ponto. Mas Networking tampouco é apenas uma fria relação do tipo toma-lá-dá-cá. Isso também não funciona. A troca existente no Networking ético é, frequentemente apenas troca de respeito, de apoio e de afeto. Na maior parte do tempo, Networking não é fazer algo por alguém, mas apenas deixar clara a relação existente entre os dois. No dia a dia, Networking é um constante apertar de nós: nós que demonstram nossa conexão com o outro. Nós que reafirmam nosso compromisso de apoio mútuo, suporte ao outro.

Veremos, ao longo do livro, que Networking é algo delicado, sofisticado, interessante e nobre. É relacionar-se pela satisfação e também pelos ganhos que o relacionamento proporciona. É nutrir-se no constante aprendizado, na troca que temos no convívio diário com o outro. É contribuir para o bem-estar, o progresso e a felicidade alheia. E, sim, claro, também, beneficiar-se de inúmeros relacionamentos que vamos tecendo ao longo de nossa vida.

Quando agimos para o bem do outro, ele se sente atendido, querido e considerado. Ao se sentir assim, ele muito provavelmente vai querer manter um relacionamento amistoso e permanecer em constante conexão conosco. É dessa forma que construímos nossa firme rede de relacionamentos. É simples e lógico: sou correto, atencioso e útil ao outro? Então ele se sente prestigiado e respeitado por mim. Gosta e percebe vantagem em ficar próximo a mim. Está feita a conexão!

Também é natural que aquele a quem auxiliamos, por se sentir atendido e querido, fique grato e queira retribuir. Retribuirá de imediato ou depois, retribuirá para conosco ou para um terceiro, não importa. Se for ao terceiro, essa retribuição será o atendimento, a gentileza, a solidariedade e o apoio ao outro que, se sentindo atendido, fará o mesmo por outra pessoa, que fará o mesmo por outro e assim por diante. Essa rede é o belo efeito do Networking vivido em sua plena capacidade e significado.

Ainda que aquele a quem ajudamos nunca nos retribua diretamente o benefício recebido ou não ajude ninguém (o que é bem improvável), apenas o fato de ter sido contemplado com nossa atenção e apoio já contribuirá para a melhora de seu modo de ver o mundo. E gente se sentindo bem faz bem ao mundo. Quando nos sentimos bem, nosso humor, nossa confiança e nosso ânimo melhoram. Além disso, amplia-se nossa capacidade de termos melhor performance em todos os setores de nossas vidas, inclusive no trabalho, com reflexos em nossa carreira e empregabilidade. Percebe quão grande é o Networking bem vivido? Quão maior que apenas querer se beneficiar de uma relação para subir na vida? Networking melhora o mundo! Não, não há exagero nessa afirmação. Pense bem e verá que toda essa cadeia é apenas resultado de causa e efeito, ação e reação. Reação natural, instintiva. Pura lógica.

**Networking é ético?**
Será que, aproximarmo-nos de pessoas pelas quais temos um interesse específico pessoal, comercial ou de carreira, é o mesmo que usá-las? Isso é correto?

Quando compreendemos a beleza de nos relacionarmos de modo harmônico e honesto com todos, não há risco de sermos antiéticos. O que não é correto é usarmos as pessoas. Enganarmos nos fazendo passar por doces e fiéis amigos, quando na verdade só queremos nos beneficiar do que outros podem nos propiciar, isso, de fato, não é ético. Tampouco é Networking. É desonesto. É falso. É ser aproveitador. Esse pseudo-networking tem vida curta, pois ninguém é bobo. Assim como percebemos quando alguém está conosco apenas por interesse, o outro também percebe.

**Todo mundo!**
Repare que estamos falando em nos relacionarmos com todos. Esse é outra dica preciosa para o bom e eficiente Networking. Não é moralmente correto — e também é ineficiente — nos relacionarmos apenas com quem

acreditamos poder nos beneficiar, os ditos poderosos.
Networking é gêmeo da fraternidade. Ele só funciona bem se nos relacionarmos com sinceridade, respeito e amor com todos, repito e reforço, com todos os que nos cercam. Networking é algo para ser vivido com a alegria de conhecer e aprender com tanta gente tão diferente. É natural que gostemos mais de uns do que de outros, mas respeitar a todos e tratá-los bem, além de educado e justo, é mandatório para quem deseja construir um bom Networking.

Veremos que Networking tem muito a ver com nossa imagem e que ela é construída a todo momento junto aos que nos cercam, inclusive aqueles que julgamos ter pouca projeção ou prestígio social. Todos podem nos ajudar ou nos derrubar em nosso esforço em construir nossa imagem e reputação. Assim, além de ser correto e justo, deveríamos, também por inteligência, tratar todos muito bem.

**Quando devo fazer Networking?**
Quando estamos nos referindo a Networking, a pergunta acima contém dois erros: quando e fazer.

Primeiro: não há um quando para o Networking.
Networking não funciona se decidimos nos relacionar com uma pessoa somente quando precisamos dela.
Networking é uma ligação real, genuína, firme, construída, nutrida e bem vista por ambas as partes. É relacionamento sincero, querido e – muito importante – de longo prazo. Pensar em construir uma relação às pressas apenas quando se necessita do outro é leviandade e ingenuidade. A outra parte se sentirá

usada. Não funciona. O querido amigo e excelente networqueiro Max Gehringer afirma: Networking é uma questão de paciência e não de urgência.

O segundo erro está no verbo fazer.
Networking não se faz, se vive.
Networking não é uma tarefa e sim um comportamento, um modo de vida. Quem percebe a grandeza, a importância e a beleza do bem relacionar-se com todos passa a vida cuidando e deleitando-se com seus relacionamentos. Vive alegremente os seus relacionamentos.
Ainda que existam dicas e técnicas interessantes para se fomentar um relacionamento (e você as verá nas próximas páginas), ele não pode ser construído somente por frio interesse. Relacionamentos têm que ser sentidos, queridos, genuínos e sinceros. O Networking ético é vivido e não feito. São relações interessantes que nos encantam, que nos preenchem, que nos educam e enriquecem nosso modo de ser. Algo que nos dá prazer e não trabalho. Que disso resultam benefícios concretos, não há dúvida. Mas esses benefícios são apenas subprodutos – ainda que valiosos subprodutos – de algo muito maior e mais interessante: o bem de todos, o bem da humanidade. Networking, sim, serve como poderosa e eficiente ferramenta para nossos negócios e carreira, mas não só.

**Networking e amizade**
Uma preocupação que alguns têm é a de que o Networking exigirá um forte esforço de amizade para com o outro. Não confundamos amizade com Networking. Networking pede relacionamento e não

profunda amizade. Nós nos relacionamos com muitos, mas temos poucos amigos, de fato, próximos. Amizade é algo que demanda convívio íntimo, dedicação, confidências, aconselhamento, concessões e abnegação. Já os relacionamentos em nossa rede de contatos variam em seu grau de exigência. Pense quanta gente você conhece, com as quais se relaciona, mas que não demandam constante esforço de proximidade. A maioria de nossos relacionamentos é assim: eles exigem alguma manutenção, mas não altíssimo envolvimento. Então, se você preza ter seus momentos de solidão ou relacionamento familiar, não se preocupe: você pode ter um excelente Networking com vários, com muitos, e nem por isso ficar extenuado pela intensidade da demanda desses relacionamentos. Veremos, a seguir, como manter os relacionamentos de seu Networking. Há coisas a serem feitas, mas não se angustie, pois você não perderá seus momentos com seu melhor amigo: você.

## RESUMO DO CAPÍTULO EM SEIS PONTOS: DEFINIÇÕES

• Networking é relacionamento de qualidade. Relacionamento de qualidade é aquele no qual todos se sentem bem, respeitados, valorizados e beneficiados.

• Networking pressupõe troca, mas essa troca vai além do mesquinho toma-lá-dá-cá. Pode ser uma troca imaterial, como por exemplo troca de conhecimento, afeto, gentileza e apoio.

• Networking ético é aquele no qual não se está em busca apenas dos benefícios concretos que vêm do relacionamento. Ele envolve também o calor do relacionamento, a rica troca fraterna e justa entre duas pessoas que se respeitam e se gostam.

• Networking é relacionar-se com todos, poderosos ou modestos, doutos ou singelos. Todos contribuirão com nosso crescimento, assim como nós contribuiremos com o deles.

• Networking não funciona se decidirmos nos relacionar com alguém apenas quando precisamos dessa pessoa. Não há um quando fazer Networking e sim um viver Networking o tempo todo. Networking não é uma atividade ou uma tarefa, mas um modo de vida.

• Networking não é ser amigo próximo de todos. Diferentemente da amizade, Networking não exige convívio intenso e profundo, constante e próximo.

# CAPÍTULO II

## IMAGEM

*"A deformidade do corpo não afeia uma bela alma, mas a formosura da alma reflete-se no corpo."*

*Sêneca*

## Com que roupa eu vou?

*No mundo dos negócios é praticamente impossível imaginar uma carreira de sucesso que não exija alguma exposição. Temos que ser vistos, notados e valorizados para aumentar nossas chances de sucesso. Mas, antes da exposição, é bom pensarmos no que estaremos expondo: nossa estampa. Qual o peso da imagem em nossa exposição no mundo dos negócios?*

*Nossa figura é composta da nossa aparência e também do nosso modo de ser. Uma boa combinação de visual agradável e personalidade interessante parece ser o mix ideal, tanto para novos relacionamentos como para a manutenção dos existentes.*

*Mas será que precisamos compor uma imagem ou é possível ser quem de fato somos? Algumas pessoas são encantadoras: chegam e tomam a conversa. Parece haver algo em sua fala, em seu olhar, em seu sorriso e gestos que hipnotiza. Como conseguem? Esse encanto nasce com elas ou é possível aprender a ser interessante?*

*Quais são os elementos que definirão nossa imagem? Devo investir em roupas e acessórios de luxo? Isso, de fato, conta? Um ar de sofisticação importa? É mesmo importante entender de vinhos, charutos, gastronomia, azeites e cafés especiais para mostrar alguma sofisticação? Devo aprender a jogar golfe?*

*Nossa imagem é o tema deste capítulo.*

## Como você quer ser percebido?
Somos percebidos pelo modo como nos apresentamos. E o modo como nos apresentamos é composto de como somos vistos (nossa aparência) e nosso jeito (nosso comportamento).

Sua aparência é o que se vê: sua roupa, seu corte de cabelo, sua maquiagem, seu carro e seus acessórios, incluindo os tecnológicos. Já o seu jeito, mais se sente do que se vê. Ele é mais elaborado e talvez mais genuíno, pois vem de seu interior. É o seu sorriso, o brilho de seu olhar, é seu modo de falar e gesticular, sua sinceridade, sua afabilidade, seu carinho e dedicação com aqueles com os quais se relaciona. É também dessa camada interna que vem o que talvez seja o principal ingrediente para um bom Networking: é o chamado repertório. Falaremos dele logo mais.

## Sua aparência
Gostemos ou não, nossa imagem é composta, em grande medida, de nossa aparência. Assim como apreciamos um belo quadro, um carro com design arrojado ou um alegre arranjo floral, nos agrada também uma pessoa com boa apresentação. E essa boa apresentação pode vir da harmonia de traços, de uma roupa interessante ou de um penteado original. Como você se veste, seus sapatos, como usa seu cabelo, apara sua barba ou se maquia, tudo isso passa uma mensagem sobre você.

E qual o modo certo de vestir se queremos ser notados? Não há jeito certo ou errado. O que um considera bonito, outro pode considerar estranho ou kitsch. Na verdade, sua imagem depende de quem você é, de onde você vive/trabalha e da mensagem que deseja passar.

Mas talvez você deva considerar dois pontos na sua aparência: adequação e coerência.

Vestindo-se como Madonna dos anos 1980, você seguramente será notada (ou notado), só que talvez essa não seja a melhor alternativa para uma apresentação que fará na reunião de conselho de um tradicional escritório de advocacia em Boston. O mesmo raciocínio serve para o terno cinza com colete e sapatos de verniz, se é seu primeiro dia em uma startup de tecnologia em Seattle. Adequação.

Sua imagem deve, sobretudo, ser coerente com quem você de fato é. Ela deve refletir sua personalidade. Seja quem você é, mas na sua melhor forma! Se for usar um cabelo desarrumado, capriche na desarrumação! Que seu cabelo doido seja único, interessante, atraente, fascinante. Que ele diga a todos algo sobre quem você é. Uma barba fechada, desenhada e bem curta diz algo diferente de uma barba rala, longa e rebelde. A barba desenhada – ao menos neste momento em que escrevo o livro – passa a ideia de que seu dono é um metrossexual. Já o de barba rala, longa e rebelde, parece mais alinhado com uma vida alternativa, ligado ao desprendimento e ao mundo da meditação. Ambas as barbas podem ser charmosas, mas comunicam algo diferente sobre quem as apresenta. Cuidemos para que nossa aparência esteja alinhada com quem somos.

<u>ACONTECEU 1:</u> Certa vez um cliente importante, novo na casa, pediu que eu participasse de uma reunião com ele. Algo havia dado errado em seu relacionamento com nossa empresa e ele estava enfurecido! O cliente pediu que eu, na época superintendente, comparecesse à reunião. Fui acompanhando a vendedora que o atendia e sua diretora.

Estudei o caso e, de fato, havíamos errado. Preparamos todo um arrazoado explicando o ocorrido e um pacote de benefícios para tentar acalmar o cliente e reverter a situação. Mas não foi preciso usar de nada disso. O cliente, a princípio carrancudo e agressivo, ao conhecer nossa diretora de vendas, mudou de postura. Ele ficou olhando por alguns segundos minha colega e, para nossa surpresa, de repente começou a falar de uma tatuagem de borboleta que ela tinha no pescoço. Ele e a diretora falaram e falaram sobre tatuagens: se doía ou não fazer uma tatuagem, onde ela havia feito, por que escolhera uma borboleta, o que representava e por aí a conversa seguiu entre os dois. Todos os demais da reunião permanecemos quietos, em nosso papel de plateia. Ao final, mal falamos do problema ocorrido. Bastou um pedido de desculpas breve e tudo certo: o cliente, encantado com a tatuagem de borboleta, seguiu investindo fortemente conosco!
Repare como não há um jeito certo ou errado de ser. Quem diria que um grande negócio seria salvo por algo tão improvável quanto uma tatuagem?

Mas se não há jeito certo ou errado de se apresentar, há algo inegociável: o asseio. Ninguém tem que sentir cheiro de suor numa roupa que já passou da hora de ser lavada. Sapatos sociais devem estar limpos e engraxados. Cabelos sujos e ensebados passam uma imagem bem diferente de cabelos limpos e viçosos. Se você decidiu pintar as unhas, melhor pintar novamente antes que apareça aquele trecho sem tinta ou que as pontas comecem a descascar. E nem precisamos falar de hálito de quem comeu alho, certo?

ACONTECEU 2: Há alguns anos, um gerente de vendas que trabalhava comigo na filial do Rio de Janeiro exigia que todos os integrantes de sua equipe andassem com balinhas de menta no bolso e que, a partir das 16 horas, chupassem balas antes de se reunir com seus clientes. É que, segundo ele, a partir desse horário nosso hálito piora. Atualmente, com o politicamente correto, provavelmente um chefe não mais poderia exigir isso de sua equipe. Em uma coisa, porém, esse colega estava certo: um mau hálito não ajuda nos negócios! Nem no namoro, nem em nada. Pelo sim ou pelo não, em eventos que geralmente acontecem depois das 16 horas e onde se fala de perto, eu sempre tenho minhas balinhas de menta no bolso...e na boca.

## Seus acessórios

Você não precisa trocar o seu smartphone a cada novo modelo lançado para mostrar que é alguém ligado em tecnologia de ponta. Tampouco precisa gastar seu salário com relógios de luxo, roupas sofisticadas, canetas caras e muito menos pagar o preço de um carro popular por uma bolsa de grife. Acessórios caros podem impressionar algumas pessoas por algum tempo, mas funcionam apenas na largada. Logo após impressionar os olhos alheios, é preciso impressionar a mente alheia, o que é algo bem mais complexo. Correndo o risco de ser preconceituoso, afirmo que, em minha experiência, acessórios sofisticados quase nunca são acompanhados de inteligências igualmente sofisticadas. Se quiser, puder e o ambiente permitir que use acessórios sofisticados, ok. Mas lembre-se que somente eles não garantem muito. Já que seus acessórios também dizem algo sobre você, não seria melhor escolher algo que, de fato, represente seu jeito de ser? Algo único, interessante, criativo e que seja a sua cara. Algo não necessariamente caro, mas que não seja padrão e diga a todos sobre sua personalidade. Lembre-se do subtítulo deste livro: seja interessante e não interesseiro. Usando uniforme de novo rico, será mesmo que você será tido por interessante?

## Seu jeito

Se como nos vestimos e nos apresentamos importa, importa ainda mais como somos: a apresentação que vem de dentro. Quem somos se expressa em nosso modo de interagir com os outros. É nosso olhar, nosso sorriso, nossa gesticulação, nossa atenção – enfim, nosso modo de ser. Nesse nosso jeito, nos revelamos integralmente. Quantas pessoas você conhece que nem são assim tão lindas, mas que têm algo, um certo charme, que encanta? Ou o contrário: gente linda, mas que é absolutamente sem graça. É a 'aparência de dentro' se expressando. Essa, de fato, é a apresentação mais consistente e fascinante, pois profunda e genuína. Essa é a apresentação que mais peso tem nos nossos relacionamentos, no nosso Networking. E se ela é a apresentação mais importante no nosso Networking, como fazer para que seja cada vez melhor? Fácil: cuidando de sermos uma pessoa a cada dia melhor, mais sábia, mais ponderada, mais exuberante e rica em conteúdos interessantes. Ao longo do livro, falaremos bastante sobre isso: como nos tornarmos pessoas mais interessantes.

## Seu olhar

Olhar nos olhos e expressar, por meio de nosso olhar, o interesse no outro tem enorme valor. Esse olhar aproxima e dá o tom da relação. Acalenta. Pelo olhar mostramos respeito, atenção, interesse e até admiração. Pelo olhar atento e simpático assinamos um contrato de genuíno interesse no outro. Mas curiosamente é comum descuidarmos de algo tão básico quanto fundamental, que é justamente a atenção que damos ao outro em nossa interação com ele. Já reparou como, por vezes, quem está conversando conosco parece estar muito atento a tudo, menos a nós e à nossa conversa? Deselegante. Aconteceu comigo algumas vezes.

ACONTECEU 3: Frequentemente almoçava num sofisticadíssimo restaurante em São Paulo, onde a elite empresarial brasileira e seus executivos se encontram em reuniões de negócios travestidas de almoços. Como o restaurante é muito frequentado por gente de projeção e poder, inúmeras vezes peguei alguns de meus parceiros de repasto mais interessados em ver e cumprimentar quem chegava do que em dialogar comigo. Indelicado. Ofensivo. Atitudes como essa também formam a imagem que outros terão de nós. Então, quando estivermos conversando com alguém, estejamos presentes. De fato presentes. Travemos nosso olhar e ouvidos na conversa. Essa presença interessada, genuína e respeitosa constrói confiança e simpatia, que são a base do Networking.

## Seu sorriso

Se o olhar e a atenção importam, o sorriso não importa menos.

ACONTECEU 4: Certa vez, quando eu presidia o jornal de negócios Valor Econômico, estava numa sessão de fotos. Era final do dia e eu estava cansado e preocupado com questões do negócio. O fotógrafo pedia para eu sorrir e me fotografava. Em determinado momento ele interrompeu as fotos e me disse: "Caldini, sorria com os olhos! Você está sorrindo com a boca apenas. Isso é falso. Sorria com a alma!". Aprendi a lição. É isso mesmo! Sorrir apenas com a boca é triplo F: Fácil, Feio e Falso. É o sorriso forçado que adolescentes oferecem em seus selfies no Facebook.

Sorrir com os olhos é sorrir com a alma. É sorrir com sinceridade, por inteiro, por dentro, vivendo o que nos faz sorrir. Ele é mais difícil, mas encanta, pois é genuíno. Sorrir com gosto e sentimento atrai, iguala, aproxima, acalma e traz paz ao relacionamento. Sorrir é declarar que se está bem e feliz com aquele momento e aquela relação. Mesmo que seja uma situação formal ou tensa, um sorriso, ainda que leve, sempre cabe. Sorrir é construir pontes e mostrar-se disposto e desarmado. Ajuda na construção e consolidação de nossos relacionamentos.

Mas... e no caso da foto? Como estampar um bom sorriso sinceramente alegre? Fácil: alegrando-se com a situação. Pense na pessoa que verá sua foto. Junte-se a ela, sorria para ela e não para a objetiva. Pense que está conversando com ela por meio da sua foto. Faça a ligação e comunique-se com ela. Mande a ela seu bom sentimento. Procurando se sentir próximo da pessoa que vai ver sua foto, seu sorriso ganha endereço certo, ganha um destinatário — e por isso mesmo sairá lindo!

## Seu falar

Você conhece gente que fala como se estivesse brigando? Conhece gente que fala sem convicção, sem energia? Conhece gente que fala muito rápido (como eu) ou muito lentamente? E gente que fala muito baixo ou quase gritando? E você, como se expressa? Tem uma fala macia como veludo ou áspera como uma lixa grossa? Seu modo de falar aproxima as pessoas ou as afasta de você? Sim, ele também compõe sua imagem.

O modo como falamos pode transmitir uma impressão diferente daquela que queremos causar. Estejamos atentos e modulemos o modo como nos expressamos, mas sempre cuidando para não perder a naturalidade. Não se busca robôs, e sim gente que se expresse bem. Se achar adequado, procure ajuda profissional de um fonoaudiólogo.

Sobre esse tópico cabem mais três conceitos muito importantes: a fala sincera, a fala simples e o repertório que fornece a base para a nossa fala.

## A sinceridade

A sinceridade, um de nossos mais caros valores, é também fundamental na consolidação de qualquer relacionamento. Sinceridade gera segurança e confiança. O modo, porém, como expressamos nossa sinceridade importa muito. Se quisermos construir boas relações, devemos cuidar para não sair falando "umas verdades, doa a quem doer". Queremos a verdade, mas será que não é possível dizê-la sem dor? Não vamos confundir ser sincero com ser grosso. É possível dizer tudo o que é preciso ser dito, mesmo as observações mais duras, de forma educada, respeitosa, amistosa e delicada.

ACONTECEU 5: Veja o caso de duas pessoas que trabalharam comigo, ambas membros da diretoria. Todos os anos, quando fazíamos as avaliações anuais de performance, ao serem mal avaliadas por seus pares e subordinados, alegavam que o que lhes prejudicava era sua sinceridade. Já eu tinha uma visão diferente sobre isso: percebi que as pessoas não se magoavam com a sinceridade de seus comentários e sim com a forma indelicada, rude e mesmo agressiva como eram feitos. Suas observações podiam até ser pertinentes, mas o jeito como as expressavam seguramente não era. Seus comentários soavam desrespeitosos, depreciativos e arrogantes. Magoavam e machucavam. Não surpreendia elas não serem das mais queridas ou bem relacionadas na empresa e no mercado. Networking pressupõe respeito, cuidado, delicadeza e atenção, mesmo nos momentos mais duros. A forma é tão importante quanto o conteúdo. Um belo embrulho torna o presente mais atraente e valioso.

**A simplicidade**

Alguns parecem pensar que falar bem é falar empolado. Usam de vocabulário complexo que por vezes nem dominam, achando que isso lhes emprestará uma imagem de sofisticada erudição. Usar adequadamente as palavras é uma arte. Bela arte. Devemos mesmo prestar atenção no modo como nos expressamos. Mas entre nos expressarmos bem e nos perdermos em expressões e palavras complexas, que dificultam o entendimento da mensagem, há grande diferença. O brilhante Ralph Waldo Emerson diz: É prova de alta cultura dizer as coisas mais profundas, do modo mais simples.

Busquemos a simplicidade. Usemos de palavras que expressem claramente o pensamento; palavras belas, que encantem, porém palavras simples, corriqueiras e de compreensão universal.

**Seu repertório**
Olhe a capa deste seu livro. Repare novamente na frase *Seja interessante, não seja interesseiro!*
Ser interessante envolve uma série de atitudes e predicados, entre os quais um muitíssimo importante: ter bom repertório.
E o que significa ter repertório? É ter assunto. Conhecer, ainda que seja um pouco, de muito.
Ser monotemático e limitado não nos ajuda em nosso esforço para nos relacionarmos com outros. Quanto mais conhecermos sobre variados assuntos, maior será a chance de participarmos das conversas. E maior também será a oportunidade de sermos convidados para grupos interessantes, pois todos gostamos de uma pessoa interessante com uma conversa instigante.
Os assuntos mais improváveis já me ajudaram várias vezes a iniciar ou dar prosseguimento a uma conversa. Quando adolescente, estudei Esperanto e fui espeleólogo. Pois acredite, passados quarenta anos, ambos peculiares assuntos seguem me dando bons ganchos em conversas.
E como se faz para adquirir repertório? Repertório não se adquire com dinheiro, mas com interesse, com atenção e com perguntas. Repertório se conquista observando, xeretando, ousando, querendo, indo. Temos que nos desafiar com novas experiências, sabores e conceitos. Repertório se adquire viajando para longe e também para dentro de nós.

Ousemos provando comidas diferentes das que estamos acostumados, e convivendo com gente que se veste, se comporta e pensa diferente de nós.

Ganhamos em sabedoria conversando com o milionário e com o miserável e também assistindo aqueles filmes de arte que nos fazem duvidar de nossa capacidade de compreensão. Repertório se adquire indo a vernissages e ballets, visitando exposições, observando o idoso e a criança e assistindo a palestras de pensadores arrojados. E, claro, repertório se adquire lendo! Lendo Filosofia, lendo jornais e lendo posts de gente inteligente. Uma amiga jornalista contou-me que, logo ao se formar, por dever de ofício, lia sete jornais todos os dias. Pois essa leitura foi de grande valia quando, em seu trabalho, recebia ministros e outras autoridades. Não passava apuro, pois tinha assunto de sobra ao receber seus convidados. O que ela tinha é o chamado repertório. Agostinho de Hipona dizia: O mundo é um livro, e quem fica sentado em casa lê somente uma página.

A essência do Networking é a troca. Não apenas a mesquinha troca de favores, mas muito mais que isso: a fascinante troca de experiências e sabedoria! Troca de conteúdo, de repertório. Se buscamos ser queridos, ser aceitos, é fundamental oferecer algo bom ao outro. E só pode oferecer algo interessante e valioso quem o tem. O relacionamento só se tornará sólido se o que tivermos a oferecer for algo de valor, que enriqueça o outro. Algo que faça com que ele queira se relacionar conosco numa interessante, prazerosa e rica interação, que lhe acrescente. É o que todos queremos. Agora, uma observação curiosa: minha experiência mostra que conversas sobre assuntos inusitados atraem mais atenção e relacionamentos do que uma maçante e manjada conversa de negócios. Conversas coloridas e saborosas atiçam as papilas gustativas de nossos ouvidos e cérebros. Todos gostamos de estar com gente interessante. Gente arrojada e inteligente, bem informada e bem formada que tenha algo novo, curioso e de valor a nos passar. Isso, esse algo de valor, chama-se repertório. A quantas anda o seu?

Uma observação absolutamente sexista: penso que as mulheres, em geral, têm um repertório bem mais amplo e eclético do que os homens! Quase toda vez que minha esposa e eu estamos numa festa, um jantar ou alguma ocasião social, me parece que, invariavelmente, a conversa das mulheres é, de longe, mais interessante que a dos homens! Mulheres parecem saber falar de tudo. Homens – os de minha geração ao menos – comumente ficam patinando na engordurada ladainha futebol/sexo/piadas/negócios/política. E mesmo em política, me parece que as mulheres têm uma visão mais ampla, menos maniqueísta e, por conseguinte, mais interessante. Então, se você é homem, que tal considerar conversar mais com mulheres? Amplie seus horizontes! Dê um trato nesse seu repertório, rapaz!

## Desnecessário

Muitos de nós, na ânsia de construir um Networking parrudo, recorremos a recursos que custam caro e não são tão efetivos.

ACONTECEU 6: Certa vez um diretor que se reportava a mim pediu para que a empresa pagasse para ele e outros diretores curso e anuidade de um sofisticado clube de golfe. Segundo esse diretor, jogando golfe, a chance de fazerem negócios aumentaria muito. Golfe? No Brasil? Sério?

E o golfe é apenas um exemplo de soluções que são vendidas como atalhos para Networking e negócios. Quer outros exemplos? Cursos sobre degustação de vinhos, azeites, chocolates e cafés. Ou aulas de gastronomia, nas quais chefs ensinam como pincelar os pratos com espumas de tubérculos. Isso importa? Ajuda no nosso Networking?

Qualquer experiência vale, claro. Na verdade, vale muito. Tudo o que vivemos e aprendemos, como vimos, nos enriquece em nosso repertório. Mas não nos iludamos: nos fantasiarmos de sofisticados enófilos não vai ter grande efeito sobre nosso Networking. Se gostamos de vinhos ou se temos interesse por gastronomia, ótimo! Ficaremos mais interessantes conhecendo mais sobre mais assuntos. Mas forçar uma participação em atividades como essas apenas para aparentar sofisticação ou na expectativa de fazer bons contatos e realizar grandes negócios, é iludir-se.

ACONTECEU 7: Se você, como eu, não é um expert em vinhos, deixe-me ajudá-lo com algo que aprendi. Estávamos minha esposa e eu na bela festa de casamento de um amigo. Dividíamos a mesa com outras pessoas desconhecidas, entre as quais um senhor distinto. Quando o vinho foi servido, ele, em tom de piada, me ensinou como fazer quando quisermos passar por conhecedores da bebida. É fácil disse-me ele: comece por dar voltas ao vinho na taça, sempre no sentido anti-horário. Depois incline a taça, feche um pouco um dos olhos e admire a coloração da bebida. A seguir, com apenas uma das narinas, aspire o aroma da bebida erguendo a sobrancelha do lado oposto ao da narina utilizada. Sorva parte do líquido junto a um tanto de ar (o suficiente para fazer barulho). Olhe para o alto como se estivesse em conexão com a divindade. Aguarde seis segundos e meio, mexa a cabeça em gesto de afirmação e solte a frase matadora dizendo: Hum...este vinho...tem assim...um certo caráter rebelde, não? Pronto! Você passará por grande conhecedor de vinhos!

Esse senhor, com sua sinceridade e humor, me conquistou a ponto de lembrar dele anos depois do fato. É muito melhor sermos pessoas interessantes de fato, leves, simples e sinceras, que representar caricato e arrogante personagem.
Se conhecemos ou temos interesse em conhecer vinhos ou qualquer outro assunto, sigamos firmes. Bravo! Mas sigamos por gosto e não por achar que essa será a chave de ouro para nosso Networking.

**Seu nome**
Deixei por último, neste capítulo, aquele que talvez seja o primeiro ponto a ponderar quando pensamos em nossa imagem: nosso nome. Como você quer ser conhecido? Entre seus nomes, sobrenomes e apelidos, qual você acha que melhor se adequa aos seus objetivos de vida? Um atleta do futebol talvez prefira ser chamado pelo apelido como é conhecido pela torcida. Mas será que um executivo, que tem como meta tornar-se CEO de uma grande empresa internacional, gostaria de ser identificado por Nenê, Furúnculo ou Goiabinha?

Ao escolher o nome com que gostaria que as pessoas o

identifiquem, pense também na facilidade de lembrança e nos homônimos.

Em determinado momento de minha carreira decidi que, no mundo corporativo, queria ser conhecido pelo meu sobrenome. É que Alexandre existem vários. O que fiz? Mudei o nome que aparecia no crachá da empresa para meu sobrenome: Caldini. Passei a assinar todos os meus e-mails e comunicações com meu sobrenome apenas. Decidi também não usar meu terceiro nome, Neto. Alexandre Caldini é mais curto e mais fácil de lembrar. Foi questão de pouco tempo para que, no mundo dos negócios, quase todos passassem a se referir a mim e a me chamar apenas pelo sobrenome. E você? Já escolheu seu nome?

Outro ponto com relação ao seu nome é que ele deve ser sempre reforçado por você. Lembre as pessoas de seu nome. Quando reencontrar alguém de quem ainda não é íntimo, cumprimente falando seu nome novamente. Isso reforçará a lembrança dela por você, e evitará uma possível saia justa no caso de ela não se lembrar de seu nome. Se quiser, diga seu nome seguido pelo seu empregador: "Olá. Sou Bond, James Bond, do MI6." Ajuda a localizá-lo e fixá-lo na memória de seu interlocutor.

# RESUMO DO CAPÍTULO EM SEIS PONTOS: IMAGEM

• Aparência, gostemos ou não, importa. Cuidemos dela, mas lembrando que deve sempre estar alinhada com quem de fato somos e com o ambiente/situação.

• Roupas e acessórios caros, assim como vinhos, charutos e golfe não garantirão seu Network. Mas não prezar pelo asseio, isso sim, garantirá uma péssima imagem.

• Seu olhar, a atenção que dedica ao outro, seu sorriso e o tom de sua fala terão impacto significativo em sua imagem e em seus relacionamentos.

• Sinceridade é sempre bem-vinda. Sinceridade acompanhada de grossura, não.

• Repertório é uma fonte que jorra forte e diferencia gente interessante de gente sem graça. Quanto mais soubermos sobre os mais diversos assuntos, mais interessantes nos tornaremos, e nosso Networking se beneficiará enormemente disso.

• Como você é conhecido no mundo dos negócios? Cuide de seu nome.

## CAPÍTULO III

## **VISIBILIDADE**

*"Elegância é a arte de não se fazer notar,
aliada ao cuidado sutil de se deixar distinguir."*

*Paul Valéry*

*Você e mais 6.999.999.999 outros*

*Somos sete bilhões de pessoas no mundo lutando para ter uma vida melhor, mais digna e confortável. Todos buscando melhores oportunidades.*

*Como conquistar um lugar ao sol nesse mar de gente? No mercado de trabalho as melhores posições são escassas. Como ser notado? Como, entre tantos candidatos, ser o escolhido para a vaga em aberto? Como garantir que o chefe nos considere para aquela promoção? Como ter nosso talento reconhecido e valorizado?*

*Ao longo de minha carreira vi gente incapaz, mas de boa lábia, sendo catapultada para posições fantásticas! É certo que esses nunca duram muito nas posições, pois a incompetência invariavelmente aparece. Mas também vi gente muito boa, muito capaz, que nunca ascendeu a postos que merecia, por nunca terem sido notadas. Se você acha que esse é seu caso, talvez esteja na hora de procurar se destacar entre tantos.*

*Mas como se faz isso? Como aparecer de forma eficiente, porém elegante? Como expor todo seu talento, ainda que de forma modesta e delicada? Que fatores propiciam visibilidade?*

## Encaixe

Parte importante de nossos esforços para estabelecermos uma boa rede de relacionamentos é a visibilidade. Precisamos existir no ambiente corporativo. Precisamos existir na mente das pessoas ao nosso redor, ser notados e reconhecidos. Mas reconhecidos como? Há gente que é reconhecida por ser esnobe. Outros são reconhecidos como sendo engraçados, ou agressivos, ou arrojados, ou carismáticos, ou rudes, ou doces, ou competentes ou inteligentes. Alguns fazem do empreendedorismo e da ousadia a sua marca. Há gente que tenta ser vista de um jeito e acaba sendo vista de outro completamente diferente. Acontece. Há uma infinidade de carimbos que podem nos qualificar ou nos danificar. Mas uma coisa é certa: é mais provável termos sucesso em construir nossa imagem se ela, de fato, for coerente com o que somos. Havendo o encaixe entre o que somos e como queremos ser vistos, tudo fica mais fácil, pois é natural.

## Unique Selling Proposition

Na composição de nossa imagem há alguns passos e cuidados importantes. Já se disse que somos marcas. Talvez haja aí algum exagero, mas de fato, de algum modo, sobretudo no mundo corporativo, como produtos, somos reconhecidos por nosso rótulo, nosso conteúdo e nosso princípio ativo. Em marketing, as marcas buscam seus diferenciais — ou um diferencial maior pelo que, em teoria, essa marca se destacaria. É o chamado Unique Selling Proposition ou USP, que nada mais é do que uma característica pela qual ela se vende, algo único, em que ela é boa. Nós também deveríamos identificar nosso USP. No que você é bom? O que você resolve melhor que outros? Algo que vende sua imagem. Que problemas destrincha com facilidade? O que as pessoas admiram em você? Todos temos algumas habilidades. E essa nossa habilidade deve ser colocada em evidência. Se suas habilidades forem solucionadoras de problemas e você conseguir que tenham a visibilidade necessária, isso seguramente aumentará sua exposição no mundo corporativo, ou ao menos na sua empresa ou departamento. Isso o diferenciará dos demais e terá impacto na sua avaliação, imagem e carreira.

E como fazer para que sua Unique Selling Proposition seja conhecida e reconhecida? Usando-a, expondo-a, falando sobre ela e mostrando-a aos outros. Qualquer oportunidade de colocar sua habilidade em prática é também uma oportunidade de a colocar em evidência.

Agora, um alerta: quantas vezes, mesquinhos, recusamos a oportunidade de colocar nossa habilidade em evidência?

Um exemplo? Por saberem que você é bom em determinado ramo, você é convidado para fazer parte de um grupo que vai trabalhar num projeto. Mas esse trabalho não faz parte do escopo de sua função e o grupo vai trabalhar duro por muitas horas. Você se sente explorado e recusa o convite.

Ninguém tem que trabalhar demais, muito menos não receber pelo que faz, mas há momentos em que devemos investir tempo e energia para mostrar de que somos capazes. Será que você não está deixando passar boas oportunidades de ganhar visibilidade por achar que está sendo explorado? Você é daqueles que usa a frase "Eu não sou pago para isso"? Cuidado.

## Ser único

Na adolescência, muitas vezes não queremos ser diferentes. Ou queremos ser diferentes sendo exatamente iguais aos diferentes de nossa turma: usamos roupas parecidas, corte de cabelo igual, falamos as mesmas gírias. Mas no mundo dos negócios, se você precisa se destacar, talvez não seja tão boa ideia ser igual a todos. O jogo é outro e se chama diferenciação.

Somos todos diferentes e deveríamos mesmo nos diferenciar dos outros ao nosso redor. Diferenciar-se da massa, ser (adequadamente) notado, é um passo importante no seu marketing pessoal e na construção de seu Networking. Alguém será escolhido para aquele projeto, aquela posição e aquela promoção. E quem escolhe, escolhe quem conhece ou escolhe pelo fato de essa pessoa ter boas referências (sua reputação). Daí a importância de ser conhecido e reconhecido, de se diferenciar da massa. Se você for reconhecido como alguém capaz, leal, ativo e correto; que entrega o resultado, que inova e se dá bem com o time, as chances de considerarem você para algo aumentam muito. Mas se você, mesmo sendo tudo isso, tiver colegas que sejam igualmente reconhecidos pelas mesmas qualidades, sua chance será igual a deles.

E como fazer para ser único, para se diferenciar deles? Tendo personalidade. A sua personalidade. Uma personalidade única se constrói pensando. Pensando por si mesmo. Ouçamos outros, ouçamos a nós mesmos e tenhamos opinião, a nossa opinião. Não se constrói uma personalidade única repetindo – apenas porque é mais fácil – o que diz a maioria. Tampouco ela é construída com platitudes, repetindo chavões e pensamentos desgastados. Esqueça o 'É... não tá fácil para ninguém!' ou 'O futebol é uma caixinha de surpresas!' ou ainda 'A morte é única certeza que temos.' Não nos mostramos únicos repetindo palavras, expressões ou frases sem sentido como tipo assim ou veja bem. Ou ainda as desgastadas: parceria, sinergia, criação de valor, relação ganha-ganha e empoderamento. Quando cobrimos nossa fala com esses trapos, fica difícil alguém acreditar que haja algo de valor por debaixo deles. Recitando desgastadas frases feitas, é bem improvável conseguir a atenção e o respeito de alguém que preze inteligência.

Uma personalidade interessante pensa e diz o que pensa. Usa palavras simples num raciocínio complexo e não o contrário. Tem raciocínio rico, por vezes inusitado, mas sempre interessante e bem estruturado. Se posiciona tendo a coragem de fazer o contraponto quando necessário. Age. Cria e inova. Vê o que outros ainda não viram. Segue por novos caminhos. Encanta! O mundo dos negócios busca quem tenha algo a acrescentar ao negócio... e ao mundo. É a chamada inovação, tão incensada quanto incompreendida. Mas para inovar, para ter um pensamento de real valor, é preciso estudar, ler, observar, avaliar, testar, tentar, ousar, arriscar, ser. É preciso também trabalhar o próprio repertório, sobre o qual já falamos.
Fale o que pensa com suas palavras. Fuja do "Veja bem, tipo assim, você precisa fechar parcerias para obter sinergia que crie valor numa relação ganha-ganha, onde haja empoderamento, porque, afinal de contas, essa vida é uma caixinha de surpresas e não está fácil para ninguém, certo?" Quando ouço alguém com esse discurso me ocorre que devo recomendar essa pessoa para a concorrência.

## Ovo de pata

Você já ouviu aquela fala sobre a diferença entre o ovo de galinha e o ovo de pata? Dizem que o ovo de pata é melhor para a saúde do que o ovo de galinha, mas que só comemos ovo de galinha porque, enquanto a galinha cacareja em alto e bom som alardeando que botou um ovo, a pata fica na dela, quietinha. Essa brincadeira nos alerta para a importância de anunciarmos nossas qualidades. Se ninguém souber de seus predicados, como quer que o apreciem? Como quer ser considerado, reconhecido e promovido, se ninguém sabe de sua existência? Se quer ter oportunidades na carreira e na vida, é importante que saibam quem você é, que reconheçam suas qualidades em suas atitudes, o que você faz e no que é bom.

Nota: sobre este tema, leia seu contraponto no item Superexposição.

## Falando com gente graúda

É importante que quem está no degrau acima do seu na escala hierárquica da empresa conheça você, saiba quem é e o que faz. Na maioria das vezes é daí que virão as melhores oportunidades...e também as maiores ameaças. Melhor então que eles não apenas o conheçam, mas que também apreciem seu trabalho. Mas como abordar um superior hierárquico? E se for o chefe do seu chefe, você ainda assim deve se aproximar dele? A mesma dúvida se aplica a figuras quentes entre seus clientes: como abordá-los? A resposta é simples e óbvia: com cuidado e uma boa dose de bom senso.

Você pode escolher não os abordar por vergonha, respeito ou medo, mas será que essa é mesmo a melhor alternativa? Se decidir correr o risco de tentar uma aproximação, prepare seus argumentos. Quanto mais alto se está na estrutura, maiores e mais graves os problemas, e provavelmente menor o tempo e a paciência com gente prolixa. Se não tiver algo relevante para falar com o grande chefe, um simples cumprimento já é alguma coisa. Você deve também estar preparado para não ser bem recebido ou tomar uma dura de seu chefe pela ousadia de subir muito alto na escala hierárquica – esse risco vem junto com o movimento que você escolheu.

Em suas conversas com gente graúda pense que essas pessoas, que ocupam posições de destaque, são gente como a gente. Frequentemente, se não sempre, também vieram de baixo, também seguem tendo inseguranças, erram, precisam de reforço no ego e já passaram por situações semelhantes àquelas pelas quais você está passando nesse instante. Tendo tudo isso em mente, se você tem mesmo uma boa razão para abordar o dono da cobertura, prepare-se e vá fundo! Arrisque-se com delicadeza, bom senso e adequação. Faça por ser conhecido!

**Falando com gente miúda. Miúda?**
ACONTECEU 8: Certa vez, quando eu ainda era diretor-superintendente de uma unidade de negócios na Editora Abril, almoçava com meu chefe, o então presidente da empresa, no restaurante da diretoria. Numa mesa próxima almoçavam o diretor de redação da revista Playboy e uma moça, que acabara de sair do programa de televisão Big Brother Brasil. Ela seria a

Playmate da próxima edição da revista. O diretor da Playboy e a moça se aproximaram de nossa mesa. O presidente e eu nos levantamos para cumprimentá-los e quando o diretor nos apresentou, a moça me tomou pelo presidente e, sedutora, olho no olho, me abraçou fortemente dando um beijo estalado. Rapidamente o diretor da revista esclareceu que o presidente era o outro. A moça não teve dúvidas, virou-se e repetiu o olhar, o abraço e o beijo estalado, me ignorando pelo restante da conversa. Achei engraçado e aprendi algo. Esse episódio me mostrou o quanto valorizamos o cargo.

Cuidado. É bom que nos tornemos visíveis para quem está em posição de destaque, mas não vamos nos iludir: frequentemente as melhores oportunidades vêm de gente que não está no topo da cadeia alimentar. Amigos, colegas, fornecedores, subordinados e até gente que aparenta ter pouco poder e influência, amiúde contribuem mais para nosso crescimento pessoal, carreira e negócios, do que gente de alta patente. Vivamos em Networking com todos de nosso relacionamento; os chamados stakeholders. São eles também, por ser muita gente, que confirmam ou não nossa reputação. Não fosse por isso, ao menos por educação, deveríamos sempre nos relacionar harmonicamente com todos e não apenas com os poderosos. Além do mais, o poder troca de mãos. Quem está no topo, uma hora, inexoravelmente, cairá e quem está no degrau de baixo pode subir. Lembremos que Networking é um comportamento e um valor, um modo de ver e viver o mundo, em sociedade, nos relacionando adequadamente e harmonicamente com todos.

Uma curiosidade: quem definia o cachê da Playmate, a tiragem da revista na qual a garota apareceria e o investimento que faríamos na distribuição e promoção daquela edição não era o presidente da empresa, nem eu, mas subordinados de subordinados meus.

## Sua fama chega antes

Há uma visibilidade bastante importante e que depende apenas em parte de nossa vontade. É a visibilidade que nos precede. Ela chega antes de nós nas reuniões, nas nossas falas em público, nos eventos dos quais participaremos. Ao longo do tempo, conforme vamos construindo nossa imagem e nossa reputação, elas ganham vida própria e saem pelo mundo, independentemente de nossa vontade. Antes de sua reunião com um cliente que não o conhece, muito provavelmente ele já terá uma visão sobre você. Saberá se você é uma pessoa confiável ou não, querida ou não, competente ou não. Saberá porque pessoas falam de pessoas, e redes sociais também falam, e muito, de pessoas. Sua imagem e reputação já estão por toda parte! O que podemos fazer a respeito é cuidar para que nossa imagem e, sobretudo, nossa reputação sejam as melhores possíveis. Isso se faz no dia a dia, cuidando de sermos, de fato, exatamente a pessoa com a qual queremos que nos identifiquem. É como disse o bacana do Sócrates há 2.400 anos: A maneira mais fácil e mais segura de vivermos honradamente consiste em sermos, na realidade, o que parecemos ser.

## Mídia

Uma forma bastante interessante de ganhar visibilidade é por meio da chamada mídia: redes sociais, blogs, vlogs, podcasts, sites, jornais, revistas, TVs, rádios, veículos técnicos ou de associações de classe. Qualquer oportunidade de exposição na mídia, desde que bem trabalhada, é bem-vinda. Na minha carreira não deixei (e sigo não deixando) de aproveitar uma única chance de exposição na mídia. Sempre há ganho. Sempre alguém o ouve, assiste ou lê, e você, no mínimo, fica mais treinado na dinâmica de entrevistas. Busque oportunidades de exposição. Comece pelo mais fácil: veículos B2B, blogs, veículos internos da empresa. Se a organização onde você trabalha não tem um veículo de comunicação entre os funcionários, que tal sugerir/criar um? Digital mesmo. Simples.

Mas vale sempre o alerta: cuidado com o que vai falar. Jornalistas são treinados para perceber quando alguém está mentindo ou omitindo algo. Antes de entrevistá-lo, o jornalista já o estudou, e também a sua empresa, o contexto e o assunto. Estude e prepare-se você também. Não tente enrolar, seja honesto e sincero. Jornalistas competentes, de veículos bons, não se dispõem a ficar promovendo você ou sua empresa. Tampouco se importam se você investe em publicidade na empresa em que trabalham. Portanto, nem pense em mencionar isso. Bons jornalistas sempre estarão muito interessados em matérias únicas, arrojadas, que abordem assuntos novos e de alto conteúdo noticioso. Então pense no que vai entregar ao jornalista: é algo de fato interessante ou você apenas está buscando promover o seu negócio e a você mesmo? Encontre um novo ângulo, algo inédito, curioso, que de fato fará a diferença na vida de quem tiver contato com sua fala. É isso que o jornalista precisa e quer. Numa entrevista de valor, todos ganham.

Repare que algumas figuras sempre são ouvidas sobre determinado assunto. Por que? Porque souberam entregar um conteúdo de valor. Se você também conseguir esse feito, é bem provável que entre na lista dos que são referência e, portanto, sempre ouvidos. Bom para que você fique conhecido. Bom para seu Networking.

**Mídias sociais**
LinkedIn, Instagram, Facebook, Twitter e YouTube, eles ajudam nosso Networking? Claro que sim! Eles servem como bom complemento para sua exposição. Se o LinkedIn, pelo foco em carreira, parece ser a melhor opção para nosso Networking, lembremos que o Facebook é (no momento em que escrevo) pelo menos quatro vezes maior em número de usuários. O segredo no uso do Facebook está em separar o que você posta para a família e amigos do que você posta apenas para que seus contatos profissionais vejam. Isso se faz separando seus contatos em grupos, tendo duas contas de Facebook por exemplo.

Outros dez cuidados básicos quando pensamos nas redes sociais como ferramentas de nosso Networking são:

1. Capriche no seu perfil, ele é um misto de seu cartão de visitas, identidade e currículo. Atenção à gramática.

2. Escolha cuidadosamente palavras-chave que descrevam você e seus interesses para que seja adequadamente selecionado pelo algoritmo da ferramenta.

3. Mantenha seus dados de carreira e escolaridade sempre atualizados.
4. Selecione e siga empresas em que gostaria de trabalhar.
5. Siga profissionais que são referência e que você admira no seu campo de atuação.
6. Inscreva-se e participe ativamente de grupos e fóruns de temas que sejam de seu interesse.
7. Reserve um tempo para regular e frequentemente visitar, organizar e postar algo nas suas redes sociais.
8. Sempre pense bem no que vai postar, pois o que falamos, sobretudo nas mídias sociais, se espalha rapidamente e dura muito, muito mesmo. Além disso, quem posta apenas assuntos relevantes e interessantes se diferencia e ganha relevância para seguidores igualmente relevantes.
9. Se tiver intimidade suficiente, claro, convide seus amigos, colegas, clientes e fornecedores para a sua rede. Mas não convém sair convidando um batalhão de gente poderosa que não faz ideia quem você seja e com quem você nada tem em comum, só para conseguir uma rede que impressione. Isso não funciona. Notworking.
10. Escolha com critério quem quer ter como amigo em sua rede social. Melhor ter apenas alguns que de fato agreguem ao seu crescimento cultural, intelectual e social do que muitos que fiquem postando vídeos de gatinhos.

Não acredite que, por ter alguns milhares de amigos no Facebook ou LinkedIn, você será um craque do Networking. As redes sociais não fazem milagre pelos seus relacionamentos; nada e nem ninguém faz, excetuando-se talvez você. A combinação de um bom trabalho nas redes sociais e de uma vida ativa fora das redes, no mundo real, é que resultará, a médio prazo, num bom Networking.


## Falando em público
Falar em público: tem gente que ama, tem gente que se força e tem gente que foge. Em qual dos grupos você se encaixa? E qual desses grupos você acha que sai na frente quando se trata de Networking? Não tem jeito: se você quer acelerar o passo na vida corporativa, precisa de visibilidade, precisa falar – bem – em público. Networking é conhecer, mas é sobretudo ser conhecido. Quanto mais gente, toda e qualquer pessoa, tiver a chance de saber quem você é, melhor.

Várias vezes me surpreendi na carreira com bons convites vindo de gente que eu nem imaginava. Foi assim por exemplo com um convite que acabou virando uma excelente posição numa das empresas em que trabalhei: veio de uma pessoa com quem eu tinha pouco contato, mas que me conhecia de minhas palestras.

Quem se expõe fica conhecido de mais gente, por isso aproveite todas as oportunidades que tiver de falar em público. Comece com pequenos grupos, na faculdade ou na pós-graduação. Em vez de se afundar na tela do celular quando estão decidindo quem apresentará o trabalho em grupo, pule, voluntarie-se! Se puder escolher, procure falar de assuntos que domina, pois assim se sentirá mais seguro e confortável. E lembre-se que tudo na vida é treino. Repare nos grandes apresentadores da televisão brasileira: fora um ou dois carismáticos, todos eram bem fracos quando começaram. E hoje, depois de anos trabalhando, dominam o palco! Falar em público é treinar e testar. Vá testando o modelo dos slides, as frases, os gracejos, a entonação, a gesticulação, o olhar para a plateia, a velocidade da fala... tudo.

Se você nasceu numa maternidade e não num púlpito, acalme-se; tem jeito! Veja estas 21 dicas:

1. **Estude.** Pesquise bem sobre o que vai falar. Busque ilustrar-se no tema.

2. **Objeções.** Pense nas dúvidas e objeções que poderão surgir e como responderá a elas.

3. **Foco.** O que deseja passar? Qual o principal ponto?

4. **Meta.** Sua apresentação será um sucesso se acontecer o quê? O que espera conseguir?

5. **Slides.** Seus slides devem ser guias e não tratados. Use pouco ou nenhum texto. Eles devem funcionar apenas como ilustração para a estrela da apresentação: sua fala. Use poucos slides, bonitos e interessantes. Não abuse de animações, isso cansa.

6. **Atualize.** Traga exemplos recentes do que fala. Provoque interesse para que a audiência note como sua apresentação se adequa ao momento e às suas vidas.

7. **Comprove.** Use exemplos que comprovem o seu ponto. Um fato comprovando o que se expõe é um forte reforço na sua credibilidade.

8. **Conte uma história.** É o famoso e tão em voga *storytelling*. Todos gostamos de ouvir uma boa história. Ficamos mais atentos e, quando há um enredo, imaginamos as cenas.

9. **Humor.** Humor é uma excelente ferramenta. Ajuda a trazer a atenção da plateia para sua fala. Anima. Mas também é um recurso muito perigoso e que deve ser usado com cuidado. Uma graça sem graça é apenas isso, mas uma graça ofensiva acaba com a sua apresentação e afeta severamente a sua imagem. Na dúvida, não brinque.

10. **Treine.** Ensaie várias vezes. Esteja atento e seja crítico à sua atuação (e falar em público é isso mesmo: fazer de conta que somos atores, atuar). Melhore. Ensaie algumas vezes em voz alta e do começo ao fim.

11. **Tempo.** Cronometre sua fala para que não seja obrigado a interrompê-la antes do final.

12. **Check.** Peça para alguém capaz e de sua confiança ouvir um de seus treinos. Que essa pessoa faça uma sincera crítica ao que ouve/vê.

13. **Ambiente-se.** Se for possível, visite e mesmo ensaie no local onde fará sua palestra. Dominar o espaço físico lhe dará conforto, segurança e naturalidade.

14. **Todos.** Fale para todos falando com cada um. Olhe para cada um, nos olhos.

15. **Movimente-se.** Se possível, ande pela sala para que esteja sempre se aproximando de cada pessoa. Seu dinamismo ajudará a manter a atenção.

16. **Antecedência.** Chegue cedo, bem cedo. Teste tudo

antes. Quase sempre alguma coisa (notebook, projetor, arquivo, entrada, cabos, wi-fi, microfone, púlpito, iluminação) dará problema. Se você chegou cedo, é mais provável dar tempo de acertar tudo. E mais calmo, você mandará bem na fala.

17. ***Mood.*** Perceba a reação da plateia à fala dos que o antecederam. Como estão? Interessados e alegres? Ou irritados e agressivos? Ou cansados e desatentos? Adeque seu comportamento para conduzir a plateia ao clima que deseja para sua fala.

18. **Conexão.** Se adequado, no contexto de sua fala, mencione algo dito por alguém que o antecedeu. Isso reforça seus pontos, dá um molho extra na apresentação e o aproxima da audiência.

19. **Insights.** Num dos intervalos antes de sua fala, é interessante conversar com alguns de sua audiência. Você terá *insights*, conseguirá ler melhor o ambiente e, de quebra, ainda terá gente amiga torcendo por você.

20. **Bibliografia.** Para se preparar para uma boa fala estude nos livros do experientíssimo guru brasileiro da oratória, Reinaldo Polito. Leia também *TED Talks*, o livro do presidente do TED, Chris Anderson.

21. **Água.** Tenha sempre um copo de água por perto. Ficou nervoso ou a garganta secou? Calma: água para dentro e fala para fora.

Quando for falar em público, lembre-se do que disse Benjamim Franklin: Falhar em preparar-se é preparar-se para falhar.

## RESUMO DO CAPÍTULO EM SEIS PONTOS: VISIBILIDADE

• O que você tem de bom? Em que é craque? Qual é seu Unique Selling Proposition? E essa sua característica já é conhecida/reconhecida por outros? Deveria ser.

• No meio de tanta gente, importa sermos notados para que tenhamos maiores chances na carreira e nos relacionamentos. Ajuda bem se conseguirmos ser uma personalidade interessante, com quem os demais querem estar e interagir.

• É bom sermos conhecidos pelos que estão acima de nós na hierarquia da organização. Tato e bom senso, no entanto, são fundamentais nessa abordagem. Mas lembre-se que todos os que estão a nossa volta formam a nossa imagem.

• Sua imagem e reputação o precedem. Elas pavimentarão seu caminho ou detonarão suas pontes. Cuide para que sejam adequadas.

• A chamada mídia lhe dará boa exposição se sua interação com ela for adequadamente conduzida. Mas cuidado! Hoje, mais que nunca, sobretudo em razão das mídias sociais, tudo fica gravado para sempre.

• Falar em público talvez seja a ferramenta mais importante e acessível para aumentar sua visibilidade rapidamente. Prepare-se: saia da coxia e encare o palco!

# CAPÍTULO IV

## INTERAÇÕES

*"Interessando-nos pelos outros, conseguimos fazer mais amigos em dois meses do que em dois anos a tentar que eles se interessem por nós."*

*Dale Carnegie*

*O segredo está em estabelecer laços*

Networking é a ciência do relacionamento. E relacionamento se faz interagindo. Mas nem sempre ficamos à vontade interagindo com outros, menos ainda se são pessoas que não conhecemos ou se a situação é tensa – coisa que comumente acontece no ambiente corporativo.

Neste capítulo veremos alguns comportamentos e atitudes que podem nos ajudar na aproximação com o outro.

O segredo de uma boa interação está em trazer conforto para a conversa. Atuar para que tanto o interlocutor quanto o ambiente fiquem tranquilos. E há uma série de maneiras de fazê-lo, como por exemplo, estabelecendo laços entre você e seu interlocutor. Importa manter a relação ativa. Ao longo de minha vida executiva, fui desenvolvendo métodos para manter a relação aquecida. Testei muita coisa. Notei o que reforçava e o que fragilizava uma relação.

A seguir, passo a você o resultado de minhas observações sobre como manter a interação, mas já dou um spoiler aqui: o que mais vale para manter uma relação viva e aquecida é colocar-se nela com o coração. Interagir com sinceridade, vontade e sobretudo fazer dela uma relação única e personalizada. Algo forte e cheio de significado.

## O nome do outro

Já falamos da importância de cuidar de nosso nome. O mesmo vale para o nome dos outros. Entre os cuidados que devemos ter com o nome alheio, está o de saber como a pessoa prefere ser chamada: pelo nome, sobrenome ou apelido? Alguns, inclusive, ainda querem ser chamados por doutor ou professor. Em alguns países da América Latina, acontece de professores e engenheiros usarem a qualificação antes de seus nomes: Ingeniero Gutierrez.

E não nos enganemos, há nomes que estão reservados apenas para quem é íntimo e não para quem mal conhece a pessoa. Chamar pelo apelido logo no começo da relação, sobretudo no mundo dos negócios, pode funcionar ao contrário do que se espera. Em vez de demonstrar camaradagem e intimidade, passa pressa, um certo desespero em se aproximar, inconveniência. Intimidade forçada e invasiva gera desconfiança quanto às reais intenções daquele que se aproxima.

Cuidado também ao escrever o nome da pessoa numa comunicação qualquer. Quando alguém erra a grafia de meu sobrenome, isso me diz algo: se a pessoa não teve o cuidado de rever sua escrita, significa que não considera aquela mensagem tão importante, ou pior, significa que eu não tenho tanta importância para ela. Começa assim a se formar na minha mente uma certa má vontade com a mensagem e seu emissor.

Mas, e quando não nos lembramos do nome da pessoa com quem estamos conversando? Tremenda saia justa! Nessas horas, se você sabe quem é a pessoa, mas não se lembra o nome dela, existem dois caminhos:

a)   Admitir que não se lembra, pedir desculpas e

perguntar o nome. Essa é, ainda que constrangedora, a mais sincera e melhor opção. Mas isso pode ser feito apenas uma vez. Ou,

b) Se por algum motivo não quiser admitir que não se lembra do nome de seu interlocutor, ofereça referências. Cite na conversa fatos que comprovem que você sabe com quem está falando. Por exemplo: "Nossa, naquele dia em que estávamos juntos na apresentação do orçamento eu quase dormi! Foi muito chato, você não achou?". Pelo menos a pessoa saberá que você a reconheceu.

E o oposto? E quando você percebe que seu interlocutor não lembra do seu nome? O que fazer? Novamente, duas opções:

a) Você pode ser indelicado e dizer: "Ah...você não está lembrando de mim, né?". Constrangerá seu parceiro de conversa. Indelicado e nada bom para seu Networking. Ou,

b) Você pode, sutilmente, citar seu nome durante a conversa. Algo como: "Aí eu disse a mim mesmo: puxa Caldini, essa é a uma tremenda oportunidade!".

Se estiver atento e for esperto, seu parceiro de conversa se sentirá aliviado e passará a lhe chamar pelo nome.

Um truque simples e que já me salvou algumas vezes quando não me lembro o nome da pessoa é usar as ferramentas de busca da Internet.

<u>ACONTECEU 9</u>: Num final de semana eu almoçava com minha esposa e filho num restaurante em São Paulo, quando vejo entrar e dirigir-se à mesa ao lado, bem pertinho de mim, um executivo meu conhecido. Mas quem disse que me lembrava do nome dele? E era

questão de segundos até ele me ver. Eu me lembrava de seu cargo e empresa onde trabalhava: era VP de uma das maiores montadoras atuantes no país. Saquei meu smartphone e digitei seu cargo e a empresa. Olhei algumas fotos e lá estava meu conhecido... e seu nome. Guardei o celular e triunfante, cumprimentei-o pelo nome!

**Perguntas**
Pergunte, pergunte sempre. Perguntando aprendemos, claro. Mas além disso, perguntar tem um efeito curioso: se nossas perguntas são inteligentes e sinceras – com genuíno interesse no assunto – a pessoa se sente prestigiada, feliz em responder. Todos gostamos de falar sobre algo que conhecemos e apreciamos. Interesse-se por seu interlocutor e por tudo de novo e interessante que ele tem a lhe oferecer. Isso, além de torná-lo uma pessoa mais sábia e interessante, ajudará nos seus relacionamentos. Repetindo a frase de Dale Carnegie no início deste capítulo: Interessando-nos pelos outros, conseguimos fazer mais amigos em dois meses do que em dois anos a tentar que eles se interessem por nós.

**Culturas e preliminares**
No Brasil é comum, antes de se começar uma reunião de negócios, haver uma breve conversa sobre um tema qualquer que nada tem a ver com o que se discutirá a seguir. Esse quebra-gelo, aqui, entre os brasileiros importa, pois aquece o clima, aproxima as pessoas, pavimenta a estrada para as negociações que virão. É como um cachimbo da paz fumado por antecipação.

Mas isso não acontece em todas as culturas e países. Assim, se você for se reunir com gente de outras nacionalidades, atenção ao protocolo.

Dois casos:

ACONTECEU 10: Estava numa reunião na bela cidade de Berna, na Suíça. Meu anfitrião marcara de me apresentar ao presidente de sua empresa, porém avisou que estaríamos com ele por apenas quatro minutos! Seguimos conversando e, faltando exatos dois minutos para o horário marcado, subimos um andar de escadas, batemos à porta do presidente, e conversamos por igualmente exatos quatro minutos, sem tempo, portanto, para a conversa de aquecimento. Passei a entender porque os suíços sempre foram grandes relojoeiros.

ACONTECEU 11: Em outra ocasião recebi em meu escritório uma delegação de pessoas de negócios da China. O chefe da delegação era um alto funcionário do governo chinês. Muitas recomendações protocolares foram feitas, seguimos todas elas. Eu não poderia, por exemplo, fazer a apresentação em inglês, teria que ser em português, que seria traduzido para o representante do governo chinês. E não deveria apontar para meus slides. Teria que dar um presente para a autoridade que teria que ser do mesmo nível do presente que ele me traria. Além disso, alguns presentes como faca e relógio cuco, eram fortemente desaconselhados pois simbolizavam cortar a relação, a morte ou má sorte. Respeitamos a tradição e isso fez a diferença na reunião. Mas foi curioso notar que, num momento quando a autoridade chinesa saiu da sala, o protocolo foi quebrado e os demais membros de sua comitiva, todos mais jovens, se levantaram, comeram muitos pães de queijo e, alegres e ativos, me perguntaram muita coisa... em inglês.

Esses dois casos nos dão exemplos de como o protocolo muda a cada reunião, com cada grupo, dependendo da cultura da empresa, das nacionalidades e também das gerações envolvidas.

## Conforto

No início do relacionamento entre duas pessoas que mal se conhecem, a conversa não flui. Falta assunto, falta naturalidade. Que fazer? Trazer conforto para a conversa. Traga algum assunto que seu interlocutor domine ou algum assunto leve, para que ele se sinta à vontade. Você pode, por exemplo, pedir que lhe explique algo sobre a empresa em que trabalha ou, se você sabe algo sobre ele, pode puxar essa conversa. Algo como: "Você acabou de viajar pela África, não? Que países visitou? E que tal a experiência?". Quando você menciona algo que a pessoa conhece, você a coloca em sua zona de segurança e conforto, aumentando as chances de ela relaxar e da conversa fluir.

## Afinidade

Uma forma eficiente de dar fluidez à conversa e proximidade ao relacionamento é identificar e estabelecer afinidades. Afinidade é algo que tenham em comum. O que o une ao outro? Busque alguma raiz comum. Tem alguma vivência em comum? Estudaram na mesma faculdade? Ambos são do interior? Já trabalharam na mesma empresa? Seu marido é do mesmo estado dela? Ambos odeiam coentro, sardella e azeite trufado? Qualquer base comum servirá para aproximá-los, nem que seja uma besteira como aversão ao coentro. Afinidade cria similaridade, cumplicidade. Temos mais carinho por quem se parece conosco. Se não encontrar nada que os una, até mesmo um comentário sobre a aparência vale, como por exemplo uma observação, bem-humorada, sobre seu interlocutor ter mais cabelo ou uma barba menos branca que a sua. Qualquer comentário, desde que bem colocado, com delicadeza, boa intenção e adequação ao momento, pode ser um bom quebra-gelo.

## Humor depreciativo
Mas, pegando como exemplo a observação do item anterior – barba branca e calvície – vale um alerta óbvio: cuidado com o humor depreciativo. Se for usar de humor para quebrar o gelo, use-o 'contra você'; ou seja, que o alvo da piada seja você. Nunca use de humor para depreciar seu interlocutor ou qualquer outro que não seja o dono de suas digitais. No momento constrangedor de falta de conversa não é incomum recorrermos ao humor. O humor é remédio possante, mas perigoso: cura, mas se for mal-empregado, mata. Humor autodepreciativo como no caso da barba grisalha e calvície pode ser uma forma simpática de aproximar-se do outro. Mas esse mesmo humor, se usado em dose exagerada, causará estranheza e constrangimento. Não é engraçado alguém que se deprecie o tempo todo. Mas pior ainda é quem usa de humor que derruba um terceiro, seja o interlocutor, outro participante da conversa ou mesmo alguém

ausente e distante, como um político, por exemplo. Além de ser impiedoso, indelicado, mal-educado e frequentemente preconceituoso, o humor usado contra terceiros embute um grande risco: quem queremos conquistar com nosso gracejo talvez pense diferente de nós, talvez simpatize com aquele que depreciamos. Evite.

## O elogio como quebra-gelo

E se não lhe ocorrer nenhum assunto nem nada que tenham em comum? Se isso acontecer, você sempre pode elogiar algo que notou e que, sinceramente, apreciou. Reforço o sinceramente. Gostou da bolsa? Comente. Admirou a postura em determinado assunto? Mencione. Usa os produtos da empresa de seu interlocutor? Diga. Ouviu referências positivas a respeito da pessoa ou da empresa? Dê crédito a quem emitiu o elogio. O elogio, desde que sincero, pode ser um ótimo quebra-gelo numa conversação. Mas o elogio igualmente é ferramenta tão poderosa quanto perigosa. Voltaremos a falar dele mais adiante.

## O uso do momento

Se você se sente desconfortável em elogiar, sempre pode comentar algo que está acontecendo naquele momento. Se estão num evento: "O que você está achando do evento?". Se você está visitando um prospect: "Seu pessoal da recepção me recebeu muito bem. Como é bom ser bem tratado!". Se estão num almoço de negócios: "Eu sou fã da bruschetta que eles servem aqui. E você, o que mais gosta de comer?".

Quase qualquer tema que promova uma ligação entre vocês vale. Seja numa ingênua festinha ou numa tensa reunião, o outro provavelmente também está constrangido com a falta de intimidade e você o estará ajudando ao abrir o caminho da boa conversa. Promover a ligação entre vocês é Networking.
Agora, relembrando: tudo o que for dito, sempre, tem que ser sentido, sincero, genuíno.

**Preparo**
Sempre que puder, conheça de antemão algo ou muito da pessoa com quem se reunirá. O que faz? O que fez? Do que gosta? De que se orgulha? Há algo em comum entre vocês? Conhecer o outro sempre ajuda na conversa, pois fornece traços de afinidade, que são como pontos de solda na relação. E convenhamos, com a Internet na palma da sua mão, bastam dois minutos para você saber algo de qualquer pessoa, certo?
Quando temos um objetivo específico, vale nos prepararmos para a conversa. O que queremos? O que o interlocutor pode querer? O que estou disposto a oferecer? Quais os possíveis pontos convergentes e divergentes? Mas, lembremos novamente: preparar-se para a conversa não significa perder a naturalidade, a espontaneidade e a sinceridade. Essa trinca, que emoldura uma relação aberta e genuína, frequentemente ajuda mais na relação que saber tudo sobre seu parceiro de negócios.

**Resgate**
Quando você vai para uma reunião com alguém que já conhece, ou mesmo ao encontrar alguém conhecido

num evento, uma boa dica para engatar uma nova conversa é recordar algo que falaram no passado. Algo que a pessoa lhe disse na última vez que estiveram juntos. Pode ser uma viagem, os filhos, sua promoção, um projeto, um carro novo, o que seja. Todos gostamos de nos sentir lembrados. Todos gostamos de saber que o que falamos importa e marcou o outro.

## Fluxo

Networking é algo que se constrói com persistência, que exige continuidade. Networking se vive a cada dia, a cada instante, a cada sorriso e interação. Quantos namoros você conhece que foram desfeitos porque os namorados ficaram muito tempo separados? O mesmo acontece com qualquer de nossos relacionamentos. Casamento, sociedade, emprego, amizades e clientes, todos requerem manutenção; toda relação precisa ser alimentada. Ainda que Networking não exija tanto quanto uma relação afetiva ou de amizade, demanda alguma atenção. É preciso que mantenhamos nossos relacionamentos vivos. E como se faz isso? Mantendo o fluxo que nos une a outra pessoa. O oxigênio, a luz e a água de uma relação são o fornecimento de inputs sobre a sua vida e mais ainda, a busca de outputs do outro. Mantenha seus interlocutores a par de sua vida, mas sobretudo interesse-se sobre eles. Como estão? Onde estão? Precisam de algo? Há algo que você possa fazer por eles? Sabem que podem contar com você?

Na vida corrida das grandes cidades, relacionamentos são mantidos mesmo sem encontros pessoais frequentes. Não importa. O que importa é não deixar o vínculo desaparecer por falta de contato. Basta um e-mail, um telefonema, uma mensagem no WhatsApp, um "Como você está?", um sincero "Estou com saudades de você!" ou mesmo um singelo like num post de seu amigo. Basta que saiba que você considera a pessoa e que está ali, por ela, se precisar de você. Agora, sempre repetindo nosso mantra: tudo feito com sinceridade. Sentimento não deveria nunca ser fingido.

## Update

Uma ação que toma algum tempo, mas que vale a pena, é manter seus principais contatos atualizados sobre suas movimentações de carreira. Sempre que você mudar de emprego ou for promovido, avise de forma sucinta seus principais contatos: ex-colegas de trabalho e escola, ex-chefes, profissionais de RH, ex-professores, jornalistas que conheça, *head-hunters*, clientes e fornecedores-chave. Basta um e-mail simples ou um mero Whatsapp dizendo que você saiu de tal lugar e agora está começando num novo desafio na empresa tal, no cargo tal. É de bom tom agradecer a quem ajudou em sua trajetória. Reconheça que chegou àquela posição, também graças ao apoio recebido dessa pessoa. É gentil e correto reconhecer os que nos deram a mão.

Quando amigos e conhecidos sabem onde estamos e o que estamos fazendo, aumentam substancialmente as chances de nos indicarem boas oportunidades de negócios e carreira. Volta e meia recebo alguma indicação de algum amigo para algo que pode me interessar. E faço o mesmo por vários amigos: promover conexões. Mantenha sua rede informada e ativa. Oportunidades, as mais diversas, muito frequentemente surgem de onde você menos imagina.

### Quebra-molas

Por vezes quando dirijo viajando de madrugada, cansado, não vejo algum quebra-molas e o carro dá um enorme salto! Isso serve para me despertar da perigosa sonolência, serve para me colocar atento. Uso também quebra-molas para despertar relações que estão sonolentas. Quebra-molas, no caso do Networking, é qualquer fato que acorde o outro para você. Algo que reaqueça a conexão entre vocês. Viu um artigo interessante sobre algo que conversaram? Mande. Leu uma boa entrevista de sua amiga ou do presidente da empresa dela? Congratule. Descobriu um restaurante ou hotel que pensa que seu conhecido gostaria de experimentar? Passe-lhe a recomendação. Leu num livro algo que você e sua conhecida discutiram em recente almoço? Fotografe a página e a capa do livro e envie. Lembrou da pessoa numa série que assistiu e gostou? Que tal indicar a série para essa pessoa? Esses pequenos gestos de gentileza demonstram lembrança, consideração e carinho.

<u>ACONTECEU 12</u>: Acabo de fazer uso do quebra-mola enquanto escrevo este trecho do livro. Escrevo sempre com música. Em geral ouço minha lista do Spotify, mas agora estou ouvindo música clássica numa rádio nova-iorquina de que gosto muito. Mandei para um querido amigo de longa data, e conhecedor de música clássica, a indicação de baixar o app da maravilhosa rádio. Quebra-molas em forma de música clássica.

(O que? Você também quer a dica? Anote aí: WQXR.)

Tanto faz o que você usará como quebra-molas. O importante é que fez seu carinho e reconhecimento chegarem até a pessoa de quem gosta. Alimentou e vivificou a relação. Todos gostamos de ser lembrados e positivamente surpreendidos. O escritor britânico Charles Morgan nos lembra que: *Não há surpresa mais maravilhosa que a surpresa de ser amado*. Esses pequenos gestos que nada ou quase nada custam e que tomam muito pouco tempo animam qualquer relação, aproximam, apertam laços que estavam frouxos. Como o quebra-molas, eles tiram o sono da relação. Mas, como sempre e pela milésima vez, lembre-se: também os quebra-molas só funcionam se cheios de sincero sentimento de quem de fato se importa com o outro. A falsidade corrói a relação; o carinho e a consideração a consolidam.

## ABC

Muitas de nossas interações são feitas por escrito. E muita gente se descuida de como se expressa por meio da escrita. Você, enquanto lê este livro, está formando em sua cabeça uma imagem minha. Se não nos conhecemos pessoalmente e se você nunca assistiu às minhas palestras e vídeos, tudo o que pensará de mim virá do que está lendo aqui. O mesmo acontece com você ao se expressar por escrito. Somos o que expressamos. Melhor cuidar bem, portanto, daquilo que lançamos mundo afora. Quando estamos nervosos, é provável que escrevamos algo de que depois nos arrependeremos. Por vezes escrevemos algo simples e inocente, mas quem nos lê, por algum motivo, se magoa ou se ofende. Culpa de quem? De quem leu ou de quem escreveu algo que pôde ser mal interpretado? Se revisarmos tudo, com esmero e calma, menor a chance de sermos mal interpretados. Releia cada e-mail, cada post, cada resposta que der a qualquer um, em qualquer ocasião e em qualquer plataforma. Releia e aperfeiçoe, por mais simples e ingênua que seja a mensagem. Vale o esforço.

**Menos, de fato, é mais**
Nosso texto melhora a cada revisão. E também fica menor e mais objetivo. Há uma inspirada frase cujo autor não sei ao certo, pois é atribuída a vários pensadores, que diz o seguinte: Perdoe-me que lhe mando esta carta longa, mas não tive tempo de escrever uma curta. Perfeito! Escrever de forma concisa e que comunique bem é difícil e exige mais tempo. Textos enxutos e bem escritos dão trabalho, mas são muito eficientes. Tudo melhora com a revisão.

**Caro(a) amigo(a)**
ACONTECEU 13: Certa vez – no tempo das cartas – escrevi duas delas reclamando para empresas por serviços mal prestados. Uma para a companhia aérea TAM (atual Latam) e outra para uma grande empresa internacional de cosméticos. Reclamei com a TAM escrevendo para seu presidente e fundador, o celebrado Comandante Rolim Amaro. Reclamei em dez itens de um voo que fiz de São Paulo para Buenos Aires. Na mesma semana reclamei para o atendimento ao consumidor da empresa de cosméticos de um desodorante tipo squeeze, que não funcionava a

contento. Menos de uma semana depois essa empresa mandou um portador sujo e mal-encarado trocar meu desodorante. Junto com o produto, veio uma carta impressa em quatro cores, em papel couchê brilhante – na verdade, um folheto – que começava dizendo mais ou menos o seguinte:

*Prezado(a) consumidor(a),*
*Sua opinião é muito importante para nós.*
Em seguida o folheto colorido afirmava num texto padrão que a empresa era o máximo em tecnologia e qualidade e que provavelmente o que eu reclamava não era culpa deles, mas que mesmo assim iriam verificar! E finalizavam assinando com o logotipo da empresa seguido de arrogante frase em inglês: The Signature of Quality (a assinatura da qualidade). Nenhum humano assinou o folheto impresso.

Já a TAM, nada de me responder. Até que uns três meses depois de eu haver enviado a carta para o Comandante Rolim, chegou uma resposta. Era uma carta personalizada, com meu nome e impressa em papel branco com o timbre da empresa. Os dez pontos sobre os quais eu havia reclamado ali estavam respondidos, item a item. Para cada um havia uma justificativa ou uma ação tomada visando sua solução. Cada item trazia o nome de um diretor da companhia, da aérea responsável por resolver o assunto. Ao final da carta, que fora assinada a caneta supostamente pelo próprio Comandante Rolim, ele pedia que eu o desculpasse pelo atraso na resposta e justificava a demora dizendo que ficaram todos empenhados em resolver o caso do acidente da TAM com seu Fokker-100 ocorrido no aeroporto de Congonhas em São

Paulo, exatamente naqueles dias, no final do ano de 1996. Naquela época, eu era um obscuro gerente de produto em começo de carreira, que não tinha qualquer relação com o Comandante Rolim ou com a TAM. Eu era apenas mais um passageiro, mesmo assim me responderam com atenção e respeito.

Comparando as duas cartas, qual delas você acha que me encantou? Passados mais de 20 anos, qual das empresas você acha que ainda hoje uso em minhas falas para exemplificar como lidar com o consumidor?

O mesmo se aplica para nossas mensagens aos nossos contatos. Se você vai mandar uma mensagem para alguém, cuide dessa mensagem com carinho. Esqueça o famigerado Prezado(a) ou Caro(a). Escreva para quem você quer se comunicar de forma exclusiva, única e absolutamente pessoal. Tenha esse cuidado. Tenha esse carinho. Tenha esse respeito com seu interlocutor. Cuide até de detalhes aparentemente bobos como a saudação final da mensagem. Sua mensagem tem que ser isso mesmo: sua...mensagem. Sempre.

Não sei você, mas acho um horror receber aqueles cartões de Natal eletrônicos, absolutamente padronizados e impessoais, que alguns executivos ainda mandam aos seus contatos. Se de fato queremos desejar um feliz Natal aos nossos contatos, tomemos tempo, tenhamos trabalho. Postemos uma mensagem, ainda que curta, para cada um. Personalizemos nossa mensagem. Um pouco de coração em nossas mensagens faz toda diferença. Diferenças como essas é que fazem o Networking funcionar para uns e inexistir para outros. Ninguém é bobo: todos percebemos quem se importa conosco e quem apenas cumpre tabela, visando garantir seu bônus.

## Eventos

Em minha carreira, sobretudo quando presidente de empresas, fui a muitos eventos. Entre grandes e pequenos, meus e de outros, seguramente ia a uns 70 ou mais por ano. Ainda que eu seja apaixonado por eventos, isso cansa. A maioria deles era à noite, quando tudo o que se quer é chegar logo em casa. Mas ao longo do tempo observei uma coisa interessante: nunca fui a um só evento que não fosse proveitoso! Em todos, conheci alguém ou revi alguém. Em vários soube de algo importante ou passei uma mensagem importante. Em todos aprendi algo sobre um cliente ou fornecedor ou a economia ou sobre a minha própria organização. Me deram insights muito úteis ao meu negócio ou carreira. Sempre serviram para reforçar minha ligação com colegas da própria empresa. Então, pense se você não quer mesmo dar uma passadinha naquele evento. O cansaço passa. A oportunidade também.

Mas, para aproveitar bem seus eventos, lá vão cinco dicas:
- Chegue cedo. A parte mais proveitosa do evento costuma ser o coquetel que o antecede. Ali se reforçam laços, se conhece gente nova, se troca informação valiosa e se combina um almoço ou uma reunião.

- Chegue junto. Já viu num evento alguém só, meio sem jeito, num canto do salão? Que tal tomar coragem e apresentar-se para quem está só? Pensemos no oposto: se fôssemos nós que estivéssemos constrangidos e sem turma, não gostaríamos de conversar com alguém? Então coragem! Sorriso no rosto, mão estendida e partamos para estabelecer nosso novo relacionamento. Abraham Lincoln diz: *Não te esqueças que os estranhos são amigos que ainda não conheces.*

- Com os compadres, não. É comum, principalmente se o evento é nosso, ficarmos juntos aos nossos colegas. Grupinho. É mais confortável, todos se conhecem e a conversa rola solta e animada. Pode ser mais confortável, porém é ruim para nosso Networking. Eventos existem para que as pessoas interajam. E se o evento é da nossa empresa, somos nós os anfitriões, com o dever de receber e deixar nossos convidados confortáveis. Então, nos seus próximos eventos, esqueça o grupinho. Esparrama!

- Qualquer um serve. Não se iluda achando que apenas a conversa com gente com quem você tem ou quer fazer negócios tem valor. Minha experiência me deu prova suficiente de que conversas com gente que eu nem imaginava interagir valeram muito. Todos têm algo novo e interessante para dividir. Dos lugares, das pessoas e das conversas mais insuspeitas surgem grandes aprendizados e ganhos.

- *Splash and go*. Se você de fato não puder ou estiver a fim de ficar até o final do evento, chegue, circule, interaja, seja visto e parta. Mas pense bem se não vale mesmo ficar até o final. Será sinal de respeito e cortesia para com os organizadores do evento e sempre, se atentos, será também uma oportunidade de aprendermos algo.

## Viagens

Viagens de negócios são excepcionais momentos para estabelecer e estreitar laços, tanto com gente de fora como com colegas de trabalho. Quando viajamos com algum colega, cliente, fornecedor ou mesmo concorrente, temos, no mínimo, o tempo de deslocamento para conversar e estabelecer bons laços. Geralmente temos mais que isso: o café da manhã, o almoço e o jantar. E as palestras. E o preparo para os encontros e reuniões. É tanto tempo que é quase impossível não ficarmos íntimos de nosso colega de viagem. Essa é uma boa hora de conhecer e se deixar conhecer além da primeira camada: a do trabalho. Nessas viagens, sobretudo nas mais longas, se fala da família, dos sonhos, da carreira, da empresa, de política. Há espaço para que confraternizemos. E tudo isso é ótimo para sua rede de relacionamentos, para o trabalho, para a empresa, para os negócios, para seu repertório e para sua felicidade. Aproveite!

## Sua libido

Mas, se viagens e mesmo eventos são ótima oportunidade para ficarmos íntimos de colegas, podem também ser perigosos se ficarmos íntimos demais. Não é raro, em viagens a trabalho, congressos, cursos, convenções e festas de final de ano de empresas, a libido subir e aquela simpatia antiga por um ou uma colega de trabalho virar algo bem mais que apenas uma simpatia. Vários casais se formam no ambiente de trabalho e tudo certo. Formar e assumir ser um casal é uma coisa, outra bem diferente é virar a conversa das rodinhas na convenção de vendas.

Adultos sabem o que fazem. Mas adultos que fazem

tudo o que sabem num evento da empresa — esses não sabem o que fazem. Por mais informais que pareçam ser, essas ocasiões são eventos corporativos e não um uma farra do tipo ninguém é de ninguém. Sei de inúmeras histórias constrangedoras envolvendo escapadelas em convenções e viagens de negócios. Nenhuma delas favoreceu o Networking dos envolvidos. Tampouco favoreceu suas carreiras.

**Informalidade? Em termos.**
Em atividades extra-escritório como convenções, cursos, feiras ou seminários, a empresa pagou por elas. Assim, ainda que seu crachá não esteja pendurado no seu peito, ele está tatuado na sua testa. Mesmo que você esteja de bermuda e camiseta tomando uma caipirinha à beira da piscina, se a empresa está pagando, você também, nessas ocasiões, representa a organização para a qual trabalha.

ACONTECEU 14: Recentemente os jornais noticiaram um infeliz exemplo de excesso em festa de fim de ano. Uma grande empresa internacional que vende soluções de CRM organizou uma confraternização para comemorar o final do ano de 2017 e convidou seus funcionários brasileiros a se paramentarem para um concurso de fantasias. Um dos convidados, segundo o jornal Folha de São Paulo de 14 de janeiro de 2018, fantasiou-se de "Negão do WhatsApp com uma prótese falsa de pênis". O funcionário, o diretor comercial e o presidente da empresa no Brasil foram demitidos pela matriz americana. A ética, o bom senso, o bom gosto e a boa educação devem estar sempre *pari passu* com a boa diversão.

## Presentes que você oferece

No caso dos presentes que você oferece para seus clientes e fornecedores há que se ter o cuidado para não parecer que você está querendo comprar alguém. Mas aí vai uma dica preciosa para fazer com que um presente cause boa impressão e seja aceito: garimpar algo único, interessante e não caro, algo criativo, que seja apreciado pelo presenteado. Compensa o trabalho que dá.

ACONTECEU 15: Esta dica eu recebi de um riquíssimo e badalado empresário. Disse-me ele que quando ganhava o champanhe mais caro do mundo ou um exclusivíssimo puro malte de Islay, isso não o impressionava. Poderia, sem pestanejar, comprar caixas deles, se assim desejasse. Poderia comprar o que quisesse, quando quisesse e na quantidade que quisesse. Agora, o que ele muito apreciava era receber algo inusitado, algo que ele nunca havia visto ou provado, algo que não teria fácil acesso, mesmo com todo o dinheiro que tinha. Um exemplo? Uma cachaça especial, que não é vendida pois feita por um empresário nos seus dias de folga, num alambique pequeno em sua fazenda no interior de Minas Gerais. Ou então uma farinha de mandioca especial, fresquinha, que um amigo havia trazido para ele de uma viagem no sertão de Caicó. Por que presentes simples como esses o encantavam mais do que presentes caros e sofisticados? Porque esses presentes eram únicos, havia o elemento surpresa e mais importante, porque foram pensados especificamente para ele. Uma pessoa que tem tudo não se impressiona com quase nada. Escolher um presente para ela, exclusivamente para ela, com o seu jeito, fará a diferença. Esqueça aquelas flores que você compra online e que nunca sentiu o perfume. Esqueça aqueles bilhetes escritos por sua secretária e assinados por um computador qualquer. Quer fazer bela figura? Tenha trabalho. Raciocine. Envolva-se! Esteja presente no presente! Encante o presenteado com seu carinho e atenção.

ACONTECEU 16: Algo assim aconteceu comigo recentemente. Um querido amigo de longa data, ao vir jantar em minha casa, trouxe uma caixinha de Cantucci – biscoitos típicos italianos. Estavam deliciosos! Em grande medida o sabor especial veio de quem os fez: o meu próprio amigo. Ele, que é um ocupado conselheiro de empresas, com muitas preocupações típicas de sua posição, teve a delicadeza de me presentear com algo que ele mesmo fez. Isso, essa gentileza, encanta. E encanto anima e fortalece qualquer relacionamento.

## A importância de um bilhete

ACONTECEU 17: Mais um exemplo de encantamento bom para nosso Networking? Comentei com um amigo – um dos maiores empresários do país – sobre um filme brasileiro de que gostei muito e que ele não conhecia: *Quanto vale ou é por quilo?* de Sérgio Bianchi. Como o filme é antigo e eu o tinha em DVD, enviei-o com um bilhete para meu amigo, recomendando que assistisse (quebra-molas). Passado algum tempo, o empresário me devolve um outro DVD do mesmo filme, porém ainda lacrado com plástico. Junto, veio um bilhete dizendo que, como gostou muito do filme, ficou com minha cópia e me devolvia um novo disco. Pode ser verdade ou pode ser que ele tenha apenas perdido meu DVD. A mim tanto faz. Mas o que me encantou é que, no simpático bilhete, ele dizia que a cópia em sua posse tinha para ele mais valor, porque era a cópia que eu, que tivera o carinho de compartilhar o filme com ele, havia assistido. Fiquei, claro, feliz. Me senti lisonjeado, prestigiado, amado. Isso, esse tipo de atitude cavalheiresca (ou "damesca"), que faz muito bem, aquece corações e fortalece laços, é Networking. E dos bons!

**Grupos**
A que grupos você pertence? Que turmas frequenta?
Fazer parte de algumas turmas pode ser bem bom para seu Networking. Existem grupos de quase tudo: grupos de estudos e grupos religiosos, dos que se unem por um hobby a voluntários atuando em praticamente todas as causas que você possa imaginar. Um deles deve ter a sua cara.

ACONTECEU 18: Mas você também pode criar um grupo. Eu já participei de quatro grupos. Amigos criaram e me convidaram para dois grupos, e eu mesmo criei outros dois. O primeiro grupo era composto de vinte executivos que se reuniam para comer um churrasco de qualidade, degustar cervejas especiais, comentar futebol e contar piadas. Um grupo muito animado, cujo objetivo era apenas diversão. Eles queriam desanuviar do mundo corrido, competitivo e exigente do executivo. Gostava deles, mas tornei-me vegetariano intermitente, não aprecio cerveja nem futebol e raramente acho graça em piadas. Com o tempo, apesar de simpatizar com as pessoas, por falta de afinidade com os temas, deixei o grupo.

O outro grupo de que participo tem objetivo oposto. Somos uns dez entre professores universitários, teólogos, escritores e filósofos. Gente de raciocínio apurado! Por vezes alguém manda um texto – uma encíclica papal, por exemplo – para lermos antes do jantar, no qual o discutiremos. Interessante grupo! Eu, sinceramente, sou de longe, o mais inculto da turma. Aprendo fascinado ouvindo as riquíssimas conversas.

Os dois outros grupos criei, incentivado por amigos. Um é formado por apenas cinco pessoas, entre empresários e executivos. A cada três meses, mais ou menos, nos reunimos, sempre no mesmo restaurante, para um jantar rápido, das 19h às 20h. Ali de tudo se conversa: política, governo, economia, negócios, família e experiências de vida. Temos todos mais ou menos a mesma idade e muita semelhança na experiência profissional, mas seguramente não a mesma visão de mundo na política! Assim, as conversas são muito diversas; algumas instigantes e outras reconfortantes. Dores e alegrias, sucessos e fracassos, medos e visões são expostos com sinceridade, sem censura nem pudor. Mas para isso há um sério compromisso de confidencialidade entre nós. Assunto que nasce no couvert morre na sobremesa.
O último grupo é de jornalistas. Gente com quem trabalhei e admiro e gente com quem nunca trabalhei, mas que igualmente admiro. Também é pouco numeroso: somos seis. Também nos reunimos a cada três meses, mas para almoçar. Também sempre no mesmo (outro) restaurante em São Paulo. Ali a conversa é mais focada na indústria da comunicação. Falamos sobre os assuntos polêmicos do momento, o jornalismo brasileiro e mundial, personagens das

matérias e muita política. Rico, rápido e agradável.
Meu ponto aqui é mostrar o valor de participarmos de alguns grupos. Escolha ou crie grupos de que você goste. Gente que fale também ao seu coração e aos seus neurônios e não apenas ao seu bolso. Fazer parte de uma ou mais turmas nos dá a agradável e importante sensação de pertencimento, de estar apoiado, de não estar só. Entre amigos podemos nos abrir, derrubar máscaras, perguntar sem receio algum, nos aconselharmos e ouvir críticas. E isso, para nosso crescimento, para nossa autoestima e para tudo, importa. Além disso, nos ajuda num ponto fundamental para nosso Networking e que já abordamos aqui: a ampliação de nosso repertório. Outros, por mais parecidos conosco que sejam, têm experiências e visões distintas das nossas. Nos confrontam, nos enriquecem e com isso nos ajudam a nos tornarmos pessoas mais interessantes e sábias.

## Os seis graus de separação
Se você quer conhecer alguém ou deseja se aproximar de uma pessoa com quem ainda não tem tanta afinidade, recorra aos seus contatos. Muito provavelmente alguém conhece alguém que conhece alguém que conhece quem você deseja conhecer. É a lei dos seis graus de separação. Já ouviu falar dela? Diz que qualquer pessoa no planeta é capaz de se conectar com outra com apenas seis conexões, amigos de amigos. Se são seis ou sessenta e seis mil conexões até chegar ao alvo de sua busca eu não tenho certeza, mas a ideia de buscar ajuda em seus contatos é boa. Agora, sempre, em qualquer solicitação, lembre-se que ninguém está obrigado, por mais amigo que seja, a nos apresentar aos

seus contatos. Pode ser que, por algum motivo, a pessoa não possa ou não deseje fazê-lo. É direito dela. Sempre que for pedir para alguém lhe apresentar a uma outra pessoa, vale brincar de ser britânico, sendo educado ao extremo, dizendo algo como: Se não for incômodo...será que você, por favor, poderia...mas se por qualquer motivo não for possível ou não se sentir confortável em atender meu pedido, claro que entenderei e agradeço da mesma forma.

# RESUMO DO CAPÍTULO EM SEIS PONTOS: INTERAÇÕES

• Acerte o nome de seus interlocutores. Se não se lembrar do nome, diga; ou forneça uma referência, para que a pessoa saiba que a reconhece. Um recurso eficaz é dar uma busca pelo nome da pessoa na Internet usando referências como nome da empresa e cargo.

• Traga conforto para a conversa puxando um assunto que seu interlocutor domine. Sempre que possível, busque algo que os una: afinidade. Mantenha o fluxo da relação, não deixe que sua ligação com o outro resseque. Um bom recurso é o chamado quebra-molas: envio de algo que tira o marasmo da relação. Pode ser algo simples como apenas uma mensagem, desde que seja uma mensagem pessoal, interessante e pertinente.

• Cuidado com suas mensagens por escrito. Leia, corrija e releia. Erros de gramática ou digitação fazem considerável estrago na sua imagem. Edite. Seja conciso: ninguém tem tempo ou paciência para textos longos. Não erre nomes e sobrenomes, pega mal. E jamais use o impessoal, preguiçoso e tremendamente indelicado Caro(a)!

• Eventos são parte importante da carreira de uma pessoa de negócios: incrementam seu repertório e lhe dão visibilidade, além da oportunidade de falar com gente que de outro modo, não acessaria. Aproveite-os bem. Chegue cedo, circule, converse, não fique com seus velhos conhecidos, mas conheça gente nova. Perca a vergonha e apresente-se.

- Networking é interagir. Mas no ambiente corporativo interagir tem lá seus limites, e quem os dá é o seu bom senso. Muita intimidade, muita bebida e muita libido podem prejudicar sua imagem, seu negócio e sua carreira. Lembre-se que, no ambiente de negócios, você e seu comportamento são parte do negócio. Um dos cuidados que devemos ter é com os presentes que damos ou recebemos; que seja algo interessante, mas que nunca pareça que se está a comprar o relacionamento.

- Uma forma de ganhar conteúdo, o chamado repertório, é participando de alguns grupos. Escolha os seus entre os assuntos de que goste. Ou melhor ainda, crie pequenos grupos, temporários que sejam. Além de enriquecer-se em saber, você se sentirá amparado por amigos em sua jornada.

# CAPÍTULO V

# **GENTILEZA**

*"Procurando o bem para os nossos semelhantes encontramos o nosso."*

*Platão*

## Gentileza gera gentileza

*José Datrino (1917-1996), o conhecido Poeta Gentileza, já dizia pelas ruas do Rio de Janeiro: gentileza gera gentileza. Essa frase bem que poderia ser o mote do bom Networking.*

*Todos queremos ser ouvidos, respeitados e queridos. Todos preferimos nos relacionar com gente civilizada e gentil. Networking, que é relacionamento, é muito facilitado quando o outro percebe em nós não rudeza, prepotência, risco e interesses escusos, mas educação, boa-fé, respeito e gentileza.*

*Engana-se quem pensa que agindo de forma dura e agressiva conquistará posições na corrida pelos melhores resultados. A vida no mundo dos negócios é corrida de revezamento e não corrida de explosão. O que conta é se você terá quem lhe entregue e quem pegue o bastão.*

*A seguir, alguns pontos para refletirmos sobre o valor e as vantagens de sermos gentis, gratos, atenciosos e empáticos. Se você for ainda mais corajoso e inovador, considere também a possibilidade e as vantagens de ousar, sendo uma pessoa doce.*

## Gentil ou duro?

O que é melhor para seu Networking, sua carreira e sua vida: ser duro ou ser gentil? Se entendermos ser duro por ser mal-educado, grosso e agressivo, fica óbvio que essa não é a melhor opção para nossa vida, nossa saúde, nossa carreira e nossos negócios. Mas será que não é possível sermos exigentes no que é justo, porém com educação, respeito e delicadeza? Digo que é absolutamente possível ser gentil e exigente ao mesmo tempo. E isso, esse doce modo de ser, tem alta significância em nosso Networking e em todos aspectos de nossa vida profissional e negócios. Um bom exemplo de como ser gentil nos dá Max Gehringer, o conhecido escritor e palestrante sobre o mundo corporativo. Certa vez, faz muitos anos, quando eu era gerente da revista Exame, teríamos uma reunião. Entre a porta do elevador e minha mesa, Max, sorridente e gentil, deve ter cumprimentado umas 20 pessoas! Olhava cada uma nos olhos, apertava mãos, dizia um bom dia que significava exatamente o que dizia. Cumprimentou do mais simples ao mais graduado dos meus colegas. Encantou a todos. Por que fez isso? Porque Max é educado. E com esse seu jeito de ser, claro, ganhou o apreço de todos. Isso contribuiu para sua imagem? É claro que sim. Uma pessoa gentil, próxima e educada, conquista aprovação e apreço. Pessoas falam de pessoas. Falam de suas experiências e das boas e más percepções que tiveram. Formam, na cabeça de outras pessoas, imagens e reputações. E sobre você? Seus conhecidos, o que falam de você?

## Mas e o resultado?

De executivos é exigida competência para trazer resultados. Só que muitos de nós achamos que, para trazer resultados, é preciso exigi-los com dureza e agressividade. Engano. Gentileza e delicadeza não atrapalham, e sim ajudam na obtenção de bons resultados. Já dizia Shakespeare que é mais fácil obter o que se deseja com um sorriso que à ponta da espada. Gentileza e delicadeza encantam! Todos nós gostamos de ser bem tratados. Quando alguém é gentil conosco, queremos retribuir fazendo algo por ele, ajudando-o. Ficamos fãs da pessoa e naturalmente a promovemos, falando bem dela. Viramos seus embaixadores. Quer atitude melhor para nossa imagem e reputação do que muita gente falando bem de nós? Quer facilitador maior que pessoas de nosso entorno tentando nos ajudar em nossos projetos? Então, se sabemos disso, por que não somos sempre delicados, educados e gentis com todos? Porque achamos que assim agindo, pensarão que somos fracos. Que raciocínio obtuso! Cuidemos de encantar, e os encantados, em retribuição, nos encantarão. Estará formada assim uma rede de apoio, solidariedade e carinho, que nada mais é que Networking. Um Networking que ajuda bem a trazer o tão ansiosamente aguardado resultado.

## Atenção

Uma das atitudes que talvez mais magoem é sermos ignorados. Não merecer a atenção dos outros dói, machuca fundo. E esse também é um dos pecados mortais quando falamos de Networking. É muito desagradável quando, em uma reunião, somos ignorados e percebemos que nossa opinião não conta.

Então capriche na atenção, foque no seu interlocutor. Dê a ele a mesma atenção que deseja ter em suas observações. E como se faz isso sem ser falso? Buscando algo de real interessante na fala dele. Com modéstia, inteligência e, sobretudo, boa vontade, sempre acharemos algo precioso na fala de todos. Reafirmo, de todos.

## Empatia

Os de fala inglesa têm uma expressão interessante para explicar o significado de empatia: dizem que deveríamos 'nos colocar nos sapatos alheios', ou seja, nos posicionarmos para enxergar algo sob a perspectiva do outro. De fato, qualquer relacionamento se beneficia muitíssimo quando nos colocamos no lugar do outro e enxergamos a realidade a partir da visão dele, e não apenas de nosso ponto de vista. A empatia, além de minimizar a chance de conflito por oferecer diferentes visões do mesmo tema, tem outra vantagem: nos coloca em posição extremamente simpática, junto, do mesmo lado daquele a quem buscamos compreender a visão. A empatia nos aproxima e nos une, o que é ótimo para nosso Networking.

## Gratidão

Gratidão também é gentileza. E é uma expressão de reconhecimento, de modéstia, de consideração e de carinho. Demonstra educação.
Com tantas vantagens por que não expressar nossa gratidão à larga? Demonstre sua gratição para com todos que a merecerem. A gratidão é um ótimo cicatrizante para os pequenos arranhões do dia a dia e é

também poderoso no combate aos radicais livres das fofocas, que podem detonar a sua imagem! Um ser grato parece que irradia sua alegria espantando a escuridão da maledicência. A gratidão também nos posiciona no campo da modéstia: arrogantes não têm a nobreza de caráter que o agradecimento exige, eles simplesmente não conseguem agradecer com sinceridade.

A gratidão não tem contraindicação, mas tem ótimos efeitos colaterais. Use sem moderação.

## Elogio sincero

Já falamos do elogio como um bom quebra-gelo. O elogio é mais que apenas isso, é uma poderosíssima ferramenta para azeitar relacionamentos, seja no trabalho ou na família. Mas é uma arma que dispara para trás se usada sem a munição da sinceridade. Muitos usam o elogio falso, interesseiro, forçado, apenas buscando conquistar a simpatia do elogiado. Péssimo. Não funciona. Lembre-se novamente da segunda parte da frase na capa desta obra: Seja interessante e <u>não interesseiro</u>!

Por causa do uso desonesto e inadequado do elogio, muita gente evita elogiar, achando que o elogiado pode pensar se tratar de bajulação interesseira. Se é inadequado usar o elogio para manipular as pessoas, é igualmente inadequado não o usar quando se é sincero. Se de fato gostou de algo, elogie. Elogie sem pudor ou receio. Quando o elogio é sincero, ele assim é percebido e faz bem a todos! Mark Twain dizia: posso sobreviver dois meses com um elogio!

## Reconhecimento

<u>ACONTECEU 19:</u> Aprendi a importância do reconhecimento com o jornalista Paulo Nogueira, meu chefe no começo da carreira na Editora Abril.

Paulo, generoso, sempre reconhecia os méritos de seus subordinados quando um de nós realizava algum bom trabalho. E fazia isso em público, frequentemente para o acionista da empresa. Essa é uma postura decente, correta, despojada e, repito, generosa. E é também uma postura que aproxima as pessoas e faz com que reconheçam a nobreza do gesto. Bom para todos – elogiado e elogiador.

O bom líder trabalha para viabilizar sua equipe e não para se aproveitar sozinho de seus feitos. Às vezes, o líder vai na frente abrindo caminho, mas frequentemente vai atrás, cuidando de dar todo o apoio necessário. Não precisa nem deve buscar a glória apenas para si. E o que isso tem a ver com Networking? Tudo o que reforça ou enfraquece relações de confiança e respeito tem a ver com Networking. Tudo o que constrói ou destrói nossa reputação, também.

## RESUMO DO CAPÍTULO EM SEIS PONTOS: GENTILEZA

- É absolutamente possível sermos gentis, doces e ao mesmo tempo firmes. Não há incompatibilidade entre resultado e gentileza, mas sim complementariedade.

- Conquistamos muita boa vontade apenas demonstrando respeito e atenção pelo outro. Ouvir atentamente nosso interlocutor, além de ser educado, fortalece laços e nos ensina muito.

- A empatia, o colocar-se no lugar do outro para considerar seu ponto de vista, demonstra sensibilidade e modéstia. Dois bons fermentos para qualquer relacionamento.

- A gratidão é um gentil retorno, um reconhecimento benfazejo a algo que nos tenham feito. É esperado, pois educado. Harmoniza a relação e compõe sua imagem.

- Ser elogiado nos encanta. Que tal, então, elogiar também? Desde que seja sincero, o elogio é algo que, além de fazer bem ao outro, nos aproxima dele. Bom para a relação.

- Reconhecer o mérito em público é nobre. E de quebra, reforça sua imagem como alguém atento, correto, justo, seguro e generoso.

# CAPÍTULO VI

# REPUTAÇÃO

*"Aquele que perde a reputação pelos negócios, perde os negócios e a reputação."*

*Francisco de Quevedo*

*Boa reputação: bicho arisco e de saúde delicada*

*Eu não diria que reputação é bicho raro porque todos nós temos nossa reputação. Boa ou má.*
*Tampouco diria que a boa reputação é bicho ameaçado de extinção, mas talvez seja bicho raro, que não se mostra facilmente.*

*Depois de muito trabalho, trabalho planejado, contínuo, incansável e vigilante, talvez você finalmente consiga atrair o bicho da boa reputação até você. Mas ele é arisco. Basta um único movimento impensado e pronto: sua boa reputação desaparece de imediato.*
*Com muito mais trabalho e paciência talvez você consiga atrair para si novamente a boa reputação que se foi. Ela, porém, tem saúde delicada, e se receber um golpe grande, pode não resistir.*
*Por outro lado, conquistada sua boa reputação, se bem cuidada, e bem nutrida, ela será bicho dócil, vistoso, companheiro, fiel e protetor. Dará muito orgulho e trará muitas alegrias.*
*De que se alimenta a reputação? Que habitat exige? Como evitar sua extinção? Como atraí-la para perto? Veja a seguir.*

## O que é reputação

Pense no seu chefe, num primo, no seu dentista e também num esportista famoso. Como você os vê? O que eles passam para você? Parecem pessoas boas, bem-intencionadas? Inteligentes ou nem tanto? Preocupadas com o outro ou egoístas? Loucas por dinheiro ou generosas? Nervosas ou serenas? São confiáveis? São bons profissionais? Essa avaliação que você faz deles é o que chamamos de reputação. Reputação é como os outros nos enxergam. A reputação de uma marca, de uma empresa ou de uma pessoa é resultado da somatória de várias vivências, informações e percepções que temos delas. Todos nós temos a nossa própria reputação. E nossa reputação muito importa em nosso Networking. Nos agrupamos por afinidade cultural, social e de interesses, mas também por afinidade de reputação. Só gente de má reputação se interessa por se unir a quem tenha má reputação. Então, se quisermos ter em nosso entorno amigos de boa reputação, cuidemos bem de nossa própria reputação.

## É melhor que o outro fale bem de você

Lembra-se que falamos da importância de você se expor, de ser visto para ser lembrado e considerado? Lembra da comparação entre ovo de galinha e ovo de pata? Pois é, de fato é importante se expor, mas pensando em reputação, é sempre melhor que os outros falem bem de você em vez de você ficar se vangloriando.

Se você me disser que é inteligentíssimo, batalhador, determinado, sensível, doce e de bom caráter, talvez eu acredite. Se um terceiro em quem confio falar o mesmo, a chance de eu acreditar aumenta. Se mais gente também disser o mesmo de você e eu não ouvir nada em contrário, a chance de eu acreditar é enorme. Reputação funciona assim: outros dizendo algo sobre você.

O que andam dizendo de você? Faça por merecer que — por reconhecimento de seus atos — espontaneamente falem bem de você.

## A construção e a destruição de sua reputação

Reputação é algo que se constrói lentamente, ao longo de toda a vida. Pode parecer que não, mas creia: cada pequeno ato, tudo o que falamos e fazemos e também o que deixamos de fazer e falar, tudo isso vai construindo a nossa reputação. É como se fosse uma conta corrente na qual depositamos e fazemos saques. E como num banco, o problema começa quando os saques são maiores que os depósitos.

Imagine uma daquelas construções que se faz com cartas de baralho, o chamado castelo de cartas. É um trabalho delicado, lento e planejado. Cuidadosamente vamos colocando uma carta após a outra. Uma carta apoiada na outra. Uma relação débil, sensível. Mas, de repente, num ato impensado, por descuido nosso, uma das cartas cai!
Se a carta for de um dos andares de cima, o estrago é pequeno. Com esforço, paciência e cuidado, em algum tempo conseguiremos reconstruir o castelo. Mas e se caírem várias cartas? Ou se as cartas forem da base do castelo? O que acontece? O castelo todo desaba.
Assim é também com sua reputação. Ela é construída ao longo de toda a sua vida. Tijolo a tijolo ou carta por

carta. É de difícil e delicada construção, leva tempo para atingir andares altos e pode ser destruída a qualquer momento, sobretudo se nosso escorregão for num dos alicerces.

## Ato impensado...mesmo?
Dissemos que nossa reputação é destruída por um ato impensado. Será mesmo que o que destrói nossa reputação é um ato impensado? Ou será que o ato que destruiu nossa reputação foi um ato muito bem pensado, planejado mesmo, porém inadequado? Será que, na maioria das vezes, reputações não são destruídas por atos que sabemos ter esse poder? Sabemos do risco, mas ainda assim, seguimos. Pense num dos vários escândalos por corrupção que você conhece, daqueles que envolveram empresários, executivos e políticos. Você, sinceramente, acha que nesses casos os envolvidos não sabiam do risco para suas reputações? Foi um ato impensado que danificou suas antes ilibadas reputações ou foi uma ardilosa negociata cuidadosamente planejada, com a equação risco/retorno bem calculada? Todos sabemos o que é certo e o que é errado. Fazemos o que sabemos ser errado por achar que o benefício será grande e o risco de sermos pegos será pequeno. Vale o risco? Um ganho eventual pode levar a enormes e definitivas perdas. Melhor repensar.

O risco de sermos surpreendidos por algo que danificará nossa reputação tende a zero se estivermos atentos e compromissados em agir sempre, e friso o sempre, dentro da lei e da ética.

E é preciso especial atenção àqueles atos que não são ilegais, mas são imorais.

ACONTECEU 20: Neste momento em que escrevo o livro, o escândalo da semana é a quantidade de juízes, desembargadores, deputados e senadores brasileiros que, mesmo tendo vários imóveis, recebem uma gorda verba como auxílio-moradia. Questionados, todos respondem a mesma coisa: não há ilegalidade no ato, têm direito a essa benesse. É verdade, é legal... mas é ético? É um típico caso de algo legal, porém imoral. Pegou muito mal. Manchou a reputação de alguns juízes antes tidos, por muitos, como heróis nacionais.

ACONTECEU 21: Outro exemplo bastante comum acontece em muitas empresas: a chamada gestão de impostos. Sofisticados escritórios de advocacia e gigantescas organizações internacionais de auditoria cobram verdadeiras fortunas das empresas a fim de achar (ou criar) brechas na lei para não pagar os impostos devidos. Se você perguntar ao empresário, executivo ou advogado tributarista, todos dirão que nada fazem de ilegal, apenas se utilizam das brechas na lei para pagar um imposto menor. E realmente, na maioria dos casos, nada há mesmo de ilegal. Mas em vários casos, se não há ilegalidade, há flagrante imoralidade. Conheci empresas que maquiam seus produtos, classificando-os em categorias em que há isenção fiscal ou um regime tributário menor. É ilegal? É imoral? Quando se trata de reputação, o legal, porém imoral, também pode ter efeito devastador.

## A reconstrução de sua reputação

Mas, e se nossa reputação tiver sido danificada por algo que não tínhamos controle? Acontece. O que fazer nesse caso?

Primeiro, o que não fazer: não ficar negando, justificando ou lamentando o ocorrido. O que vale nessa situação é tentarmos recuperar nossa reputação por meio de atitudes que comprovem nosso compromisso com o que é certo, honesto e justo. Demonstremos de forma inequívoca nosso firme compromisso com a boa imagem que queremos restabelecer. Voltemos à analogia com a conta corrente. Se estamos devendo para muita gente temos que, antes de mais nada, pagar o que devemos. Busquemos ressarcir os prejudicados. Feito isso, ou enquanto fazemos, podemos e devemos ir depositando ações nobres na nossa conta reputação. E que ações são essas? Cada um sabe de si. Cada um de nós sabe onde erra e sabe também todo o bem que pode fazer. Que cada um escolha seu novo caminho.

No começo muitos (com razão até) duvidarão de nossa sinceridade na retomada do caminho reto. Mas, com o tempo (que é nosso aliado), se nossa intenção de fato for sincera e nosso compromisso com a correção for firme, e se trabalharmos incansavelmente na busca do bem, muito provavelmente recuperaremos ao menos alguma credibilidade. O tempo dirá.

**Dize-me com quem andas...**
Seja na construção ou na recuperação de nossa reputação, uma dica preciosa nos traz um provérbio chinês que diz: As más companhias são como um mercado de peixe; acabamos por nos acostumar ao mau cheiro.

Pense na empresa em que você trabalha: que imagem você tem daquela turma de fofoqueiros que vive confabulando baixinho ao lado da máquina de café?

Você gostaria de ser identificado como membro dessa turma? Estejamos atentos à turma com a qual circulamos para não nos acostumarmos com o mau cheiro. Nossas companhias dizem muito sobre quem somos. Elas nos influenciam e também influenciam um bocado na imagem que os outros farão de nós. É mais um tijolinho sendo colocado ou retirado de nossa reputação.

**Presentes que você recebe**
Já falamos dos presentes que você oferece para alguém, mas e os presentes que recebe? Eles podem afetar a sua reputação? Claro que sim. Suborno! Que presentes podemos e quais não podemos aceitar? Podemos aceitar que um fornecedor nos presenteie com um vinho no Natal? E se esse vinho for um Romanée-Conti, que custa 15 mil dólares? Em algumas indústrias, como a farmacêutica ou a de TI, é comum a empresa fornecedora pagar a viagem e demais despesas de seus clientes para visitar laboratórios ou feiras de negócios no exterior. Vale ir? Cada empresa tem sua política que rege o que um funcionário pode ou não receber de um fornecedor; é a chamada *compliance*. Convém, claro, segui-la. Mas além dela, o bom senso também deve nos guiar. Mesmo que a política da empresa permita a você aceitar um presente, e por mais tentador que seja, será que vale ficar devendo favor para um fornecedor ou um cliente? O quanto esse presente amarrará você em dívida de gratidão? Que estrago esse presente pode fazer na sua reputação, na sua carreira e no seu futuro?

## RESUMO DO CAPÍTULO EM SEIS PONTOS: REPUTAÇÃO

• Reputação é a somatória de vários atos e comportamentos durante toda nossa vida. São imagens que vamos acrescentando num álbum. Está nas suas mãos construir um álbum interessante ou um todo roto.

• Reputação é uma construção que nunca acaba. Mas é também construção frágil, sensível, que pode desabar ao menor descuido. A reputação de mil anos pode ser determinada pelo comportamento de uma única hora, diz um provérbio japonês.

• Pouquíssimos casos de reputações manchadas acontecem por atos realmente impensados ou por algo que alguém fez e contra o qual não tínhamos como nos precaver. Estejamos atentos para não 'planejar meticulosamente atos impensados'.

• Se nossa reputação desabou, o melhor a fazer é, com serenidade, iniciar logo os trabalhos de rescaldo. Reparemos os danos que causamos a terceiros e cuidemos de reconstruir os alicerces para, aos poucos, ver o quanto da casa conseguiremos recuperar.

• No cuidado com nossa reputação conta inclusive a turma com a qual andamos. Como influenciamos e somos influenciados, é recomendável andar com quem nos influencia para bons caminhos.

• É comum fornecedores presentearem clientes. Cuidado com seu comprometimento. Siga a política da empresa e, mais do que isso, siga seu bom senso ao decidir se aceita ou recusa um presente.

ALEXANDRE CALDINI NETO

# CAPÍTULO VII

## CUIDADOS

*"A boa educação é moeda de ouro. Em toda a parte tem valor."*

Padre Antônio Vieira

## Bom senso e outros cuidados

*A esta altura da leitura, você já deve ter percebido que Networking é bem mais que recorrer aos seus contatos para algo que necessita. Isso acontece, mas é apenas um dos ganhos de um Networking ético e bem vivido.*

*Mas muita gente ainda não percebeu que Networking é relacionamento delicado e por isso comete erros primários, que acabam com o que poderia ser uma interessante e frutífera relação.*

*Gente que acaba com sua imagem por exagerar na exposição, escorregar na bebida ou por se achar no direito de exigir o que nem mesmo um amigo próximo deveria pedir. Gente, por exemplo, que aprecia uma 'boa' fofoca, sem se dar conta dos danos que esse comportamento fará à sua imagem e aos seus relacionamentos. Gente que fala coisas que não devia.*

*Para que você não corra esses riscos, vacine-se com os anticorpos que apresentamos a seguir.*

## Superexposição

Se no Networking conta a nossa visibilidade, conta também o excesso dela. Só que a visibilidade é conta de adição e o excesso de visibilidade é conta de subtração. Sabe aquele comercial engraçadinho que você gosta de ver nas primeiras vezes, mas na 347ª vez já está odiando assistir? Pois é, o mesmo acontece com pessoas.

ACONTECEU 22: Faz alguns anos, do nada, apareceu um brilhante professor universitário que é um pensador muito ponderado e sábio. Eu e quase todos, o admiramos. Suas falas são precisas, bem estruturadas, coerentes, ricas e originais. Ele fala o que eu gostaria de ter pensado. Um craque! Mas quando ele aparece na TV, eu mudo de canal. Quando aparece no Facebook, dou um scroll correndo antes que ouça o som pausado e monocórdio de sua voz. É que ele aparece todo o tempo em toda parte e eu não aguento mais vê-lo! O bom professor está nos programas de entrevista, nos jornais, nos telejornais, em vários programas de rádio e em quase todos os programas de auditório. Está em muitos eventos como palestrante ou numa mesa redonda, debatendo. Nas ferramentas de busca parece que sou perseguido por algum algoritmo tarado por ele! Me sinto uma ilha: estou cercado por suas boas opiniões por todos os lados. Ainda que o admire, tive uma overdose e estou de ressaca.
Cuide de ser notado, de se destacar, trate de que saibam quem você é e no que é bom. Mas cuide também de não se expor em demasia e de sumir quando for adequado. Quem aparece demais, como no caso do professor ou do comercial engraçadinho, cansa.

## Fofoca

A fofoca de nada serve. Fuja dela. A fofoca atiça, machuca, separa, reforça a intolerância, o preconceito e o ódio. Ela forja inimigos.

Quem gosta de uma fofoca acha que está ganhando com a informação que julga exclusiva e privilegiada. Não está. Ao contrário. A informação que se obtém da fofoca é algo descortês, desleal, indecente e traiçoeiro. Será que você quer se ver associado a tais adjetivos? Falamos de reputação; é essa a reputação que quer para você? A fofoca é dita pelas costas, nas sombras e em voz baixa, porque é vil e covarde. Também o é quem dela se serve, seja falando, seja ouvindo. Um dos mais importantes pilares do Networking é a confiança. Você confia em fofoqueiros?

## Política

O ambiente organizacional e o ambiente familiar talvez sejam as duas mais espetaculares escolas de relacionamento de que dispomos. São dois superlaboratórios de formação de gente! É ali que testamos todos os formatos de relacionamento. Quem trabalha, seja numa pequena startup ou num gigantesco órgão governamental, está sendo desafiado o tempo todo. E é bom que assim seja! Ali há visões e opiniões divergentes, jogos de poder, pequenas e grandes traições e acordos. E é nesse ambiente – que demanda muita atenção, percepção, tato, negociação e ação – que amadurecemos e nos tornamos mais sábios. Nessa dinâmica, se ainda não sabemos "fazer política" – o que quer que isso signifique – aprenderemos rapidinho. Conviver é ser político. Há turmas e turmas, pessoas e pessoas, situações e situações e cada uma delas exige de

nós um modo de reagir a esses estímulos. Vivendo, testando, adaptando e aprendendo, crescemos.
O profissional que as organizações buscam é alguém que navegue bem em mares revoltos. Alguém que consiga os resultados desejados, mas que não esgarce os relacionamentos. Alguém que seja sincero, porém educado. Que em vez de exigir, motive. Que sendo firme, seja também amistoso. Que troque o medo pelo entusiasmo e pelo comprometimento. Que traga o resultado, mas que, juntamente com ele, traga também o equilíbrio e a saúde de todos. E sim, isso é possível. Já o dissemos: gentileza e competência não são características antagônicas, mas complementares.

Quem diz não saber fazer política o faz como se isso fosse algo meritório. Não é. Agir politicamente não é ser falso, enganar ou bajular. Agir politicamente é agir honestamente, modulando interesses diversos, para viabilizar algo. É relacionar-se da melhor e mais produtiva forma possível num ambiente fascinantemente diverso. É avançar e recuar. É posicionar-se, mas também ceder. É compreender que a flexibilidade, em muitos casos, é melhor que o radicalismo. Somos todos seres políticos que agimos e nos posicionamos o tempo todo também na empresa. Vivemos continuamente em relação com todos. Melhor, então, aprender como se relacionar de forma harmônica e produtiva. Melhor aprender o tal "fazer política".

**Se for progredir, não beba.**
Quando falamos do risco de excesso de intimidade no ambiente de trabalho, citamos uma reportagem do

jornal Folha de São Paulo (14/01/2018). A mesma reportagem traz outros tantos exemplos nos quais o excesso de bebida colocou colegas de trabalho em posturas absolutamente constrangedoras, resultando muitas vezes na demissão do bêbado. Presenciei em minha carreira vários casos, tristes casos, assim. Por vezes gente muito capaz que, por não conseguir controlar seu copo, joga fora uma carreira brilhante. Então, cuidado com a bebida. E quando se fala em bebida e excesso, geralmente pensamos em destilados e bêbados quase em coma alcoólico. Nem sempre é assim. A cerveja, a amistosa 'cervejinha', também pode danificar seriamente sua carreira e sua imagem. Um gole, uma tulipa, talvez ok; mas o abuso da supostamente inocente cerveja causa, a todo momento, grande estrago em reputações, negócios, carreiras, casamentos e famílias. Sêneca, o brilhante filósofo do estoicismo, conciso e certeiro declara: *A embriaguez é uma insanidade voluntária*. E convenhamos, tudo o que o acionista não quer é um executivo insano cuidando de seus negócios, certo?

## Constrangimento

Não peça nada a alguém com quem ainda não tenha estabelecido um bom relacionamento. E mesmo para esses, ainda assim, pense se o que pede faz sentido... para o outro, e não para você. O que pedirá é embaraçoso? Exigirá da pessoa esforço ou exposição constrangedora?

<u>ACONTECEU 23</u>: Faz um bom tempo, um professor universitário que eu mal conhecia me pediu que o apresentasse aos empresários e executivos com os quais

eu mantinha bom relacionamento. Ele estava vendendo um curso que trouxera da Europa. Como eu achei o curso interessante, fiz o que me pediu. E ele conseguiu vender seu curso para vários de meus contatos. Passado algum tempo ele volta à carga, mas agora de maneira muito mais incisiva/agressiva, praticamente ordenando que eu o apresentasse para este e aquele e aquele outro empresário. Fiquei incomodado com o tom, e como não vi ganho algum para o negócio que eu dirigia, resolvi recusar. A reação do professor foi péssima!

ACONTECEU 24: Certo dia, um apresentador de programa de negócios na TV me convidou para almoço em restaurante sofisticado. Havíamos conversado por uns quinze minutos na vida. Não tínhamos relação estabelecida, menos ainda intimidade. Lá pela sobremesa ele finalmente mostrou porque me convidara para o almoço. Seu programa atraía mais entrevistados interessados em se promover do que gente interessante de fato. Ele apenas conseguia entrevistar executivos de menor expressão, de empresas não tão interessantes, com enfadonhas historietas cheias de autopromoção. E ele precisava de alguém que tivesse acesso aos grandes empresários, das grandes empresas e com grandes histórias. Pediu-me que convencesse meus contatos a aceitarem seus convites. Achei o pedido abrupto, indelicado e descabido. Por que a empresa que eu representava daria aval ao seu programa? Por que colocaria o prestígio de nossas marcas e os meus contatos a serviço do programa dele? Me senti usado. Meu sangue italiano ferveu! Para mim soou como se ele estivesse querendo me comprar com o sofisticado almoço. Recusei a ajuda. O sujeito, veja só que curioso, nunca mais me convidou para almoçar.

ACONTECEU 25: Uma diretora de grande empresa, potencialmente uma boa cliente dos produtos que minha empresa vendia, nunca comprara nada de nós, mas comprava sempre e muito da concorrência. Por diversas vezes tentei argumentar que nossos produtos eram (e de fato eram) muito melhores do que os da concorrência. Em vão. Durante longos períodos me ignorava, mas quando precisava que eu fizesse a ponte entre nossos jornalistas e seu presidente, dócil, me procurava. Certa vez ela me mandou um e-mail nos seguintes termos:

*Oi querido!!!!!!!*
*Quanto tempo! Estou com saudades!*
*Estou querendo uns ingressos para assistir ao Miss Saigon. Me arruma?*
*Beijos!*

A peça estava em cartaz no teatro cujo *naming right* era nosso, e sim, eu tinha ingressos. Mas você consegue imaginar minha vontade de ofertá-los a ela?
Networking não é uma relação de troca imediata e mesquinha. Mas tampouco é uma relação em que apenas uma das partes é beneficiada. Pressupõe que seja uma relação equilibrada, justa e na qual ambas as partes se sintam bem, respeitadas e não uma explorando a outra. Em uma relação sem histórico, quase inexistente, não cabe qualquer pedido. Muito menos dá direito a que se exija algo. Nesses três casos, de meu ponto de vista, o que havia era uma parte se aproveitando da outra. Nada de pior há para o Networking do que percebermos que estamos sendo explorados, usados. E muita gente escorrega neste ponto.

Networking é uma relação delicada que requer bom senso, educação, elegância, respeito e tato. É uma relação de troca, ainda que a troca possa não ser imediata ou material. Pode ser apenas a rica troca de cordialidade, respeito e admiração. Educação, tato e bom senso têm que estar presentes. Tenhamos cuidado para não constranger nosso interlocutor com pedidos descabidos. Lembremos sempre de nosso mote: se quisermos um bom networking, sejamos interessantes e não interesseiros.

**Pragmatismo, falar e calar**
Numa conversa, claro, ambas as partes falarão. Por óbvio que seja, cuide para que isso aconteça. Fique atento e perceba se você está dando chance ao outro de falar. E se você está falando também. Colocou adequadamente sua visão? Deu tempo para o outro ou outros fazerem o mesmo?
Outro ponto é que ninguém tem tempo...nem paciência. Ser conciso é mais difícil que ser prolixo. Ser conciso e claro é bom diferencial. Uma vez que tenha expressado seu ponto, cale-se. Hemingway tem uma expressão primorosa sobre o assunto que diz: *São precisos dois anos para aprender a falar e sessenta para aprender a calar.*

**Notworking**
Existem frases perigosas que travam e derrubam qualquer relacionamento. Cito meia dúzia delas. Veja se você as conhece, ou pior, se já as pronunciou.

**Gostava muito de seu antecessor**
Ui! É o mesmo que dizer para sua atual esposa que segue tendo sonhos com a ex, de seu primeiro casamento.

**Sou muito amigo de seu chefe**
Essa frase, dita com suposta ingenuidade, na verdade é uma ameaça velada.

ACONTECEU 26: Um alto executivo quis entrar num de nossos eventos exclusivos que minha equipe realizava e para o qual ele não fora convidado. Ao explicarmos porque ele não poderia participar, deu a carteirada: "Sou muito amigo do CEO de sua empresa". Minha reação? Eu disse a ele: "Que bom que meu chefe é seu amigo! Assim você pode dizer a ele como estamos cuidando bem dos interesses da empresa, deixando de fora do evento quem não foi convidado."

**A sua concorrência está louca para comprar!**
Fico feliz por você! Pelo menos venderá para alguém, pois, depois do que disse, aqui não venderá.

**Você tem que me apresentar fulano!**
Opa...cadê a palavrinha mágica?

**Deixe-me dizer o que você tem que fazer...**
Ou seja, na sua opinião, eu estou perdido, é isso?

**Você não está entendendo.**
Em outras palavras, você está me chamando de imbecil.

## RESUMO DO CAPÍTULO EM SEIS PONTOS: CUIDADOS

• Se ser notado importa no marketing pessoal e no Networking, ser notado demais funciona ao contrário. Fique atento à superexposição. Submerja se adequado.

• Fuja da fofoca e dos fofoqueiros. Além de ser perda de tempo produtivo, ser visto como futriqueiro em nada contribui para a sua imagem e reputação.

• O ambiente de negócios, gostemos ou não, é um ambiente político. Então, o melhor a fazer é entendermos o jogo e nos posicionarmos adequadamente. Sinceridade é sempre querida. Cuidado, porém, para não chamar agressividade e grossura de sinceridade.

• Outro cuidado que devemos ter no ambiente de trabalho é com a bebida alcoólica. Um trago a mais, um estrago a mais, um desempregado a mais.

• Seu Networking será corroído se você for alguém constrangedor. Ninguém quer ter à sua volta gente inconveniente. Nada de exigir que seus contatos lhe apresentem os contatos deles, lembrando sempre que Networking é via de duas mãos.

• É mais difícil interagir e apreciar a conversa de pessoas que falam pelos cotovelos ou que nunca falam. No acelerado e pragmático mundo dos negócios, concisão e objetividade é algo apreciado também na fala. E, atenção com frases arrogantes e indelicadas que podem transformar seu Networking em um Notworking.

# CAPÍTULO VIII

## CONCLUSÃO

*"Conhecer o homem, esta é a base de todo o sucesso."*

*Charles Chaplin*

## *E.T., Francisco de Assis e Bob*

*Ao escrever este nosso último capítulo lembrei-me de três personagens absolutamente diferentes, mas que, penso, guardam algo em comum.*
*O primeiro deles é ET, o simpático extraterrestre do filme de Steven Spielberg que, em 1982, recomenda à então criança Drew Barrymore: Be good!*
*Lembrei-me também de Francisco de Assis, que em sua bela prece pede a Deus que o ajude a consolar mais que ser consolado, compreender mais que ser compreendido, amar mais que ser amado e afirma que é dando que se recebe.*
*E lembrei-me ainda do guru da ciência da influência, Bob Cialdini, que destaca: primeiro você, depois eu, depois você, depois eu.*

*ET deve ser o rei do Networking em sua galáxia, pois ditou a essência de um bom relacionamento que é também a essência do bom Networking: sermos bons. Ser bom é respeitar os outros. É ser útil. É querer ajudar ao outro, independentemente de recebermos retorno. Francisco de Assis, sábio e lúcido, há 800 anos já sabia qual era o segredo para vivermos uma vida significativa: nos dedicarmos ao bem do outro. Exatamente o mesmo que o atualíssimo Bob Cialdini nos recomenda com sua inspirada frase.*

*Veja, a seguir, por que o que os três nos recomendam é mesmo a essência do Networking ético e eficiente.*

## Seja bom

Pode parecer que no mundo dos negócios apenas os espertalhões têm sucesso, mas não é verdade. Muita gente, muito boa – boa como profissional e boa como ser humano – tem enorme sucesso. Não há incompatibilidade entre ser um bom profissional e ser uma boa pessoa. Na verdade, mais e mais, essa combinação é requerida. Uma análise que fiz comparando os resultados das Melhores Empresas para Trabalhar da revista Você SA com as Melhores e Maiores da revista Exame mostrou que as empresas mais rentáveis são também as que têm os melhores ambientes de trabalho, onde a liderança incentiva a ética, a camaradagem e o bem.

Notamos as boas pessoas e simpatizamos com elas. Queremos estar perto delas, trabalhar com elas, ouvi-las e auxiliá-las no que for. Queremos nos beneficiar de seu convívio. O bem atrai e gera confiança. E confiando, abaixamos a guarda e criamos ambiente para que as conexões se amarrem. É natural que empresas nas quais impera o comportamento construtivo prosperem. O compliance e o politicamente correto são apenas as primeiras marolas do tsunami da ética e do bem que se aproxima. Com o tempo, quem não agir adequadamente será o objeto estranho, a ser expelido do organismo. E é bom que seu Networking siga nessa mesma linha. Repare nos sinais ao seu redor. Repare no comportamento das novas gerações. Apenas esse comportamento ético tem futuro no mundo dos negócios.

## Goste de gente

ACONTECEU 27: Certa vez, num de nossos eventos para diretores de recursos humanos, convidei para uma mesa redonda um mui celebrado CEO. Um dos diretores de RH perguntou a ele se considerava importante para quem trabalha em RH gostar de gente. O executivo, pragmático ao extremo e beirando a indelicadeza, respondeu: eu não entendo por que me pergunta isso...quem não gosta de gente tem que trabalhar no zoológico! A resposta, contundente, beira a má educação, mas tem o mérito de nos lembrar que "gostar de gente" não é uma opção para quem optou por trabalhar no mundo dos negócios...ou melhor dizendo, não é uma opção para quem trabalha. Os negócios são tocados por gente. E gente traz consigo emoções, inseguranças, egos, vontades e visões. "Gostar de gente" é fundamental na construção de relacionamentos. Interessar-se genuinamente pelo outro é vitamina para um Networking eficiente. Ame seus relacionamentos. Preste atenção em todos à sua volta. Interesse-se por eles. Ouça-os. Encante-se com a diversidade de experiências e visões que oferecem. Fazendo isso sinceramente você estará vivendo Networking.


## Seja honesto

Temos alguns interesses ao nos casar; entre outros, queremos companhia, afeto, sexo, apoio, cuidado e sustentabilidade financeira. Temos alguns interesses ao frequentar uma religião: queremos conforto, proteção, perdão e bênçãos. No mundo dos negócios também temos interesses: queremos vender algo, queremos uma boa carreira, queremos ter sucesso, prestígio, queremos influenciar, ter poder e dinheiro. E tudo bem. O problema não é querermos algo, o problema é fazermos de conta que queremos outra coisa. O problema é enganar o outro, buscando apenas o que nos favoreça, desconsiderando as necessidades e os desejos alheios. Assim agindo, não é apenas nosso relacionamento profissional que sofre, mas sofrem todos os nossos relacionamentos. Networking não é algo ingênuo. Sabe-se haver interesse nos relacionamentos, ninguém está sendo enganado. É uma relação e relações pressupõem trocas. Sejamos transparentes. Se você quer algo de seu interlocutor e, muito importante, se já há alguma relação de confiança entre vocês, seja honesto, deixe claro o que gostaria dele. Melhor ouvir um não posso/não quero/não vou atender ao seu pedido, do que ouvir um 'você está me usando'.

**Antes, sempre antes**
Reforço aqui na Conclusão um ponto já abordado no início do livro, no qual muitos de nós erramos, e com esse erro enterramos nossos relacionamentos e nossa imagem: o quando e o fazer.

Networking não se faz quando se precisa de um favor de alguém. Na verdade, já sabemos, Networking não se faz, se vive. E se vive sempre, a todo momento e não apenas nas horas de trabalho. Mas é também fundamental lembrar que o Networking ético pressupõe, além do interesse próprio – também, antes e sempre – atender ao outro. Networking se vive no lazer, em casa, na escola, nas redes sociais, na academia, na família, no exercício da cidadania, em toda parte. E por ser algo contínuo, de uma vida, esqueça "fazer" Networking quando se precisa. O relacionamento tem que, obrigatoriamente, estar consolidado antes do momento em que se pedirá o apoio de alguém para algo. Viva uma vida de relacionamentos. Nutrindo bons relacionamentos. Viva uma vida Networking.

## Primeiro você, depois eu

ACONTECEU 28: O psicólogo norte-americano considerado o maior especialista mundial em influência, Robert Cialdini, certa vez em que almoçamos, me disse algo que guardo como o mantra do bom relacionamento. Segundo ele, o segredo para nos relacionarmos com os outros é a seguinte ordem: Primeiro você. Depois eu. Depois você. Depois eu. Em outras palavras: coloque o interesse alheio antes do seu. Considerar os outros antes de si é o caminho paras sermos bem vistos, aceitos e queridos.

A pergunta é: quantos de nós fazemos isso? Na imensa maioria das vezes agimos na seguinte ordem: primeiro eu, depois eu, depois os meus e, se sobrar algo, vá lá, quem sabe você.

Se quisermos um Networking robusto e pautado na confiança, repensemos essa ordem de prioridades.

## Curta

Networking não pode ser algo pesado, automatizado, uma obrigação. Quem é bom de Networking gosta de Networking. Gosta de criar, dar manutenção e consolidar suas relações. Vive o Networking não apenas visando os benefícios que virão em razão dessas relações, mas também pelo prazer e a alegria de relacionar-se. Gosta de ser útil ao outros. Aprecia o aprender, o dividir e o crescer que obtém das interações com esses diversos e distintos relacionamentos. Quem é craque de Networking curte e nutre-se com seu Networking. E quem não ama relacionar-se, mas deseja ter um bom Networking, pode muito bem exercitar-se na arte do relacionamento. Tudo sempre é exercício. Networking também o é.

# RESUMO DO CAPÍTULO EM SEIS PONTOS: CONCLUSÃO

• Quase todas (senão todas) as filosofias nos ensinam as vantagens de agir bem. Networking dá provas disso. Agindo corretamente, ajudando quem está em nosso entorno, conquistamos o bem querer. Isso, essa simpatia por você, essa proximidade e relação, é seu Networking.

• Nunca deixe para estabelecer um relacionamento apenas quando precisar dele. Não funciona. É interesseiro, descortês e desonesto. Notworking. Relacionamento se faz antes, ao longo de bom tempo, e sempre.

• Se chegar o momento em que precise de algo de um contato seu, deixe claro o que busca. Não se envergonhe em pedir, com jeito e com tato. Mas, repito, deixe claro sua intenção. O pior para seu Networking e para sua reputação é querer enganar.

• O segredo do bom relacionamento é dedicar-se ao outro. Resolver seus problemas e ajudá-lo em suas tarefas e desafios, mesmo antes de ser solicitado. Ajudar pelo prazer de fazer o que é bom e certo. Fazendo isso, sem contar com eventuais ganhos que dessa relação virão, creia, eles virão.

• Se você não gosta de relacionar-se, se você é do tipo que prefere ficar em casa, de pijamas, vendo televisão, mas acha que Networking é importante para sua carreira, negócios e vida...a boa notícia é que tem jeito! Como tudo na vida, Networking também se desenvolve com exercício. Basta querer e agir.

• E se você, no finalzinho do livro, ainda acha que não é um craque de Networking, aqui vai a dica matadora para curtir seus relacionamentos: interessar-se de verdade pelas pessoas. Cada uma delas tem um DNA-personalidade diferente. Preste atenção nelas. O que dizem? O que não dizem? O que viveram? O que você pode aprender com elas? Cada um de seus contatos é uma rica minissérie, a que só você tem acesso. Aproveite! Encante-se!

# AGRADECIMENTOS

*"Quem acolhe um benefício com gratidão,
paga a primeira prestação da sua dívida."*

*Sêneca*

### Nelson
Agradeço a Nelson Reis.
Nelson, no início dos anos 2000, era diretor da Telefónica. Ao me ver atuar num dos eventos que eu promovia naquela época, o INFO CIO Meeting, pediu que eu fizesse uma palestra sobre Networking para seus executivos. Assim nasceu o que seria a palestra que sigo fazendo em várias empresas e instituições. E agora, uns 15 anos mais tarde, o pedido de Nelson virou livro. Obrigado, Nelson!

### Empregadores
Cada um de meus chefes me ensinou um bocado sobre Networking! Agradecendo especialmente a um deles, meu primeiro e muito querido chefe Clayson Pretti, agradeço a todos.

### Colegas e amigos
A cada um dos colegas, clientes, fornecedores, políticos e concorrentes com os quais tenho convivido nesses 35 anos de carreira, a todos devo algo na elaboração deste livro. Cada uma dessas pessoas, do segurança que controla a cancela do estacionamento aos ministros de Estado, todos eles sempre me ensinaram alguma coisa na arte e no prazer do relacionamento. Obrigado. E claro, obrigado também aos meus queridos amigos com os quais não me relacionei profissionalmente, mas em outras esferas.

### Esposa e filho
As famílias dos escritores deveriam ser agraciadas com um nobelzinho na categoria paciência. Agradeço à minha esposa e ao meu filho pela paciência e também pelas boas discussões na elaboração desta obra.

# O AUTOR

Alexandre Caldini é administrador de empresas formado pela Pontifícia Universidade Católica de São Paulo, com cursos de educação executiva em Harvard e no M.I.T. nos Estados Unidos, Cambridge e London Business School na Inglaterra e Insead na França.

Durante mais de trinta anos Caldini trabalhou como executivo em empresas como Novartis, DuPont, Colgate e Heublein (atual Diageo), sendo que por cerca de metade de sua carreira atuou em empresas de comunicação. Presidiu a Editora Abril e o jornal de negócios Valor Econômico.
Atualmente, além de dedicar-se aos seus livros, Alexandre Caldini é membro de conselhos e atua como consultor de empresas e coach de executivos. É também autor de livros sobre o espiritismo entre os quais está o best-seller "A morte na visão do espiritismo".


Por favor deixe sua avaliação sobre este livro na Amazon. Ela ajudará novos leitores a decidirem se a leitura desta obra lhes será útil ou não.

Você pode acompanhar as reflexões de Alexandre Caldini em seus vídeos e posts nas redes sociais.
https://www.facebook.com/AlexandreCaldini/
https://www.youtube.com/alexandrecaldini
https://www.instagram.com/alexcaldini/
www.alexandrecaldini.com

www.ingramcontent.com/pod-product-compliance
Lightning Source LLC
Chambersburg PA
CBHW030700220526
45463CB00005B/1853